Alfred Sous · Die Spinne des Pfarrers

AF289388

Am Anfang schuf Gott Sarah, die er in Spinnengestalt zum Vergnügen der Söhne Noahs mit auf die Arche schickte und deren weibliche Nachkommen sich ebenfalls nach Belieben in diese Tiere verwandeln können. Nun begab es sich, dass Arachne, eine heutige Nachfahrin Sarahs, als Haushälterin des Pfarrers Bodenlos in Lüttelborn eingestellt wurde. In dem beschaulichen Örtchen entbrannte in dieser Zeit gerade ein Streit über eine spektakuläre Festspielidee, die das Dorf aus seinem Hinterwäldlertum herausholen sollte. Als ein Feuer ausbrach und das Dorf zerstörte, waren der Pfarrer Bodenlos und seine Spinne Arachne glücklicherweise gerade nicht vor Ort. Doch auch sie holte das Schicksal ein, als Arachne als Spinne ein Vorderbein verliert ...

Wie das kleine Dorf Lüttelborn auch ohne Festspiele Bedeutung erlangt, indem es gerade keine Festspiele veranstaltet – das erzählt Alfred Sous in seiner kleinen, skurrilen Geschichte »Die Spinne des Pfarrers«. Eine Geschichte über die Borniertheit einer kleinen Dorfgemeinschaft, aber auch über die Schicksalskraft einer beinahe mytischen Frauengestalt namens Sarah, Agnes oder Arachne ...

Alfred Sous studierte Musik, arbeitete viele Jahre mit bedeutenden Orchestern und Institutionen zusammen und veröffentlichte mehrere Bücher – u.a. eine Geschichte des Bayreuther Festspielorchesters und den Roman »Bernard Winterbach«. Er lebt in München und in La Mairena in Südspanien.

ALFRED SOUS

DIE SPINNE DES PFARRERS
oder
FESTSPIELFREIE ZONE LÜTTELBORN

Eine satirische Erzählung

Mai 2004
© 2004 Alfred Sous
Satz und Layout: Buch&media GmbH, München
Umschlaggestaltung: Kay Fretwurst, Spreeau, unter Verwendung eines
Bildes von Sabine Antonie Rose
Herstellung und Verlag: Books on Demand GmbH, Norderstedt
Printed in Germany
ISBN 3-8334-0557-0

GEBRAUCHSINFORMATION BITTE SORGFÄLTIG LESEN.

Zusammensetzung:
»Die Spinne des Pfarrers« enthält 70% Fantasie, 29,8% Wahrheit, 0,2% Rechtschreib- und Druckfehler.

Anwendungsgebiet:
Bei akuter Beeinträchtigung der Lebensqualität durch Ärger über Scharlatanerie und Inkompetenz, insbesondere in den Bereichen Feuerwehr, Theater, Hochbau, Politik, Versicherungswesen, Musik und Sozialkunde.

Gegenanzeige:
»Die Spinne des Pfarrers« darf nicht verabreicht werden bei allen Formen von Arachnophobie, bei religiösem Fanatismus und allgemeiner kultureller und intellektueller Überheblichkeit.

Nebenwirkungen:
Bei dafür konditionierten Personen, insbesondere bei solchen, die unter angeborener oder erworbener Humorlosigkeit leiden, können gelegentlich Schwindelanfälle auftreten. In seltenen Fällen muss auch mit psychischen Störungen gerechnet werden.

Dosieranleitung:
Die beste Wirkung wird erzielt, wenn die Geschichte ohne Unterbrechung gelesen wird. Kleine Gaben von Kaffee oder Tee während der Behandlung können die Wirkung verstärken.

Aufbewahrungshinweis:
Für Kinder unzugänglich aufbewahren. »Die Spinne des Pfarrers« ist weitgehend temperaturunempfindlich, soll jedoch unbedingt vor offenem Feuer geschützt werden.

Prolog

Seit Monaten hatten die Menschen ihn verspottet, ihn ausgelacht, ihn mit mehr oder weniger geschmacklosen Witzen provoziert. Aber Noah ließ sich nicht beeinflussen. Unbeirrt baute er weiter an seiner Arche, was bei der Bevölkerung für große Aufregung und Verständnislosigkeit sorgte.

Glaubten die Menschen, allein schon aus der Tatsache, dass Noah weitab von jeglichem Fluss oder See ein ungewöhnlich großes Hausboot baute, ein gewisses Defizit bezüglich seiner geistigen Gesundheit zu bemerken, so hielt man ihn für völlig verrückt, als er nach Fertigstellung der Arche seine Söhne ausschickte, um von sämtlichen Tierarten je ein männliches und ein weibliches Exemplar einzufangen und in die Arche zu bringen. Bei Hunden, Rehen, Füchsen, Ziegen oder anderem Getier dieser Größe mag es ja noch angehen. Aber es mussten sowohl riesengroße Exemplare eingefangen werden, wie Elefanten, Mammute oder was es zur damaligen Zeit sonst noch alles gab, als auch kleine und kleinste Lebewesen. Sogar schädliche Bakterien mit einer Größe von zum Teil weniger als einem Tausendstel Millimeter gehörten zu den Passagieren der Arche. Allein das Einfangen dieser sehr unterschiedlichen Tiere und Lebewesen war gewiss nicht einfach, und man kann den Akteuren dieses Unternehmens nicht genug Respekt und Bewunderung zollen.

Was die Menschen, die sich Tag für Tag vor der Baustelle versammelten und verständnislos das Tun Noahs beobachteten, nicht wussten: Gott selbst hatte Noah den Auftrag zum Bau dieser Arche gegeben, weil er ihn, den gottesfürchtigen Mann und seine fromme Familie, vor der Vernichtung retten wollte, denn er plante, das ganze sündige Menschengeschlecht durch eine gewaltige Wasserflut auszurotten. Dass dabei dann auch viele unschuldige Tiere sterben mussten, wurde billigend in Kauf genommen, was umso leichter war, als es zu dieser Zeit noch keinerlei Tierschutzorganisationen gab. Noah und seine Familie waren ausersehen, danach ein gottgefälliges Menschengeschlecht zu gründen.

Dass dieses göttliche Vorhaben nicht so gelungen ist, wie Gott es geplant hatte, müssen wir wohl oder übel zugeben, ist aber nicht Thema dieser Geschichte.

Kurze Zeit bevor es geschah, hatte es monatelang nicht geregnet. Die Erde war ausgedörrt, die Pflanzen verkümmerten und die Menschen stöhnten unter der Hitze. Medizinmänner, Zauberer, Priester und auch Scharlatane der verschiedensten Art versuchten mit allerlei mehr oder weniger seriösen Methoden die Dürre zu beenden. In manchen Gegenden wurden sogar Menschenopfer dargebracht. Alles war vergeblich.

Eines Nachts, die meisten Menschen schliefen, änderte sich die Lage. Es begann zu regnen! Zuerst nur vereinzelte Tropfen, die aber kaum Spuren hinterließen, weil sie sofort auf der heißen Erde verdampften. Doch nach und nach wurde der Regen stärker, und am Morgen regnete es so heftig, dass die Menschen sich kaum aus den Häusern trauten, obwohl sie froh und erleichtert waren, weil die Trockenheit nun offensichtlich zu Ende ging.

Als der ungewöhnliche Niederschlag aber nicht mehr aufhörte und bereits einige Täler überflutet waren, als dann auch noch starke Erdbeben das Land erschütterten, als Berge aufbrachen und unterirdische Seen sich über Land, Menschen und Tiere ergossen, als bisher harmlose Quellen plötzlich zu riesigen Wasserfontänen wurden und breite Gräben sich auftaten, aus denen ebenfalls das Wasser strömte, da brach im ganzen Land Panik aus und der Tod durch jämmerliches Ertrinken stand allen als unausweichlicher Schicksalsschlag vor Augen.

Doch dann erinnerten die Menschen sich an Noahs Arche! Das war die Rettung. Dieser riesige, schiffsähnliche Kasten würde schwimmen. Darin könnte man überleben.

Von allen Seiten, ungeordnet und hektisch, versuchten die

Menschen die Arche zu erreichen. Mütter hielten ihre Säuglinge im Arm, Väter versuchten, ihre Söhne und Töchter in dem immer stärker werdenden Gedränge nicht zu verlieren. Manche schleppten trotz der für alle lebensgefährlichen Situation Alte und Gebrechlich mit, und etliche mussten vor Erschöpfung aufgeben, bevor sie das Ziel erreicht hatten. So lagen denn schon bald viele bedauernswerte Geschöpfe in Nässe und Schlamm am Wegesrand und waren oft schon vor Entkräftung gestorben, bevor die Flut sie erreicht hatte.

Vor der Arche entstand ein fürchterliches Gedränge, das in wilde Schlägereien ausartete, als Noah und seine Söhne den verzweifelten Menschen den Zutritt in die Arche verwehrten. Mit guten Worten war da nichts zu machen. Um Gottes Befehl gerecht zu werden, mussten sie probatere Mittel anwenden. So befand sich der fromme Noah dann plötzlich und ungewollt in handfesten Auseinandersetzungen, wobei es zwangsläufig auch zu Verletzungen, sogar zu schweren Verletzungen kam. Man kann sagen, dass damals der bis heute vor bestimmten Etablissements noch anzutreffende Beruf des Türstehers erstmalig notwendig wurde.

Die Situation komplizierte sich noch, als einer der Söhne, wahrscheinlich war es Ham, in der aufgewühlten Menschenmenge Sarah entdeckte! Nun muss man wissen, dass Sarah den Söhnen Noahs viel Gutes getan hatte und auch den Knechten Noahs und auch den Söhnen und Knechten des Ibrahim und auch den Söhnen und Knechten des Jonas und auch den Kaufleuten, die durch das Land zogen.

Als Ham und seine Brüder die verzweifelte Sarah erblickten, die ihnen mit ihren nassen, wirren, roten Haaren und in ihren durchnässten Kleidern, die sich eng an den wohlgeformten Körper schmiegten, noch begehrenswerter erschien als in all den Jahren zuvor, da hatten sie den Wunsch, dieser Frau den Zutritt in die Arche zu erlauben. Noah, der nicht nur sehr fromm sondern auch sehr lebensklug war, hatte durchaus Verständnis für den Wunsch seiner Söhne. Aber seine Frau und seine Schwiegertöchter waren empört, als sie davon erfuhren, und drohten, die Arche zu verlassen und mit den anderen Men-

9

schen zu sterben und somit den göttlichen Befehl, nach der Flutkatastrophe ein neues, gottgefälliges Menschengeschlecht zu gründen, unmöglich zu machen. Da musste Noah nachgeben. Auch seine Söhne fügten sich zähneknirschend. Traurig blickten sie auf Sarah, die etwas abseits der tobenden Menge an einem Baum lehnte und sich anscheinend mit ihrem Schicksal abgefunden hatte.

Während die Männer noch voller Gram und unerfüllbarer Sehnsucht auf Sarah blickten und darüber fast ihre Türsteheraufgaben vernachlässigten, sahen sie, wie die Frau sich mit langsamen Schritten von der aufgeregten, drängelnden und sich prügelnden Menschenmenge entfernte und auf ein nahes Gebüsch zuging. Dort blieb sie zunächst einen Augenblick stehen, kniete dann nieder und senkte den Kopf. So saß sie da, wie im Gebet versunken. Regen und Sturm, Blitz und Donner tobten immer wütender und Sarah war durch den dichten Regenschleier kaum noch zu sehen. Schließlich konnten die Brüder sie gar nicht mehr wahrnehmen, so sehr sie sich auch anstrengten.

Bis hierher kann der aufgeschlossene Leser die Geschichte bei gutem Willen noch nachvollziehen. Doch was jetzt zu berichten ist, wäre völlig unglaubwürdig, wenn wir nicht noch heute tagtäglich und an vielen Orten die Bestätigung für die damaligen Vorkommnisse erleben könnten:

Für manche Menschen ist es sicher schwer zu verstehen; aber Gott empfand ganz offensichtlich Sympathie für Sarah und ihren Beruf. Anders ist sein Verhalten nicht zu erklären. Natürlich konnte er mit Sarah keine Ausnahme machen und anordnen, ihr den Zutritt zur rettenden Arche zu erlauben. Das hätte er zwar auf Grund seiner Machtfülle gekonnt, er wollte aber seinen Freund Noah nicht desavouieren. Nach einigem Nachdenken hatte er dann die Lösung des Problems gefunden: Er verlieh Sarah die Fähigkeit, sich in eine Spinne zu verwandeln und sich in dieser Gestalt in die Arche zu mogeln, was bei dem vor dem Eingang herrschenden Tumult leicht möglich war. So geschah es. Selbstverständlich war mit dieser Gunst auch die Fähigkeit zur jederzeitigen Rückverwandlung in einen Menschen verbunden. Und noch etwas hatte Gott in diesem Zusammenhang angeordnet. Doch das bemerkte selbst Sarah erst, als sie einige Zeit später schwanger wurde und eine gesunde Tochter zur Welt brachte.

Es dauerte nicht mehr lange, da war das Wasser so hoch gestiegen, dass sie Arche schwimmen konnte. Die bedauernswerten Menschen vor der Arche waren alle ertrunken. Es breitete sich eine fast unheimliche Stille aus, die nach dem stundenlangen Tumult, dem Schreien und den heftigen, handfesten Auseinandersetzungen geradezu etwas Bedrückendes hatte. Noah und seine Familie saßen stumm beieinander. Sie waren keineswegs so erfreut über ihre Rettung, wie man erwarten könnte. Vielmehr wurden sie von der großen Verantwortung, die Gott ihnen auferlegt hatte, schwer belastet.

So saßen sie in dem von wenigen Kerzen nur schwach beleuchteten Raum und dachten über ihre Zukunft nach, als eine der Frauen plötzlich die Stille unterbrach, entsetzt aufsprang und auf eine ungewöhnlich große Spinne zeigte, die gemächlich durch den Raum lief. Noah befahl Ham, das Tier einzufangen und wieder zurück in den für Tiere dieser Art bestimmten Raum zu bringen. Ham nahm die Spinne und eine Kerze und tat, wie der Vater befohlen hatte.

Erst nach drei Stunden kam er wieder zurück. Seine Brüder bemerkten an ihm einen sehr glücklichen Gesichtsausdruck.

1.

Neu-Lüttelborn ist weder ein Dorf noch eine Stadt. Es gibt dort keine Kinos, keine Theater, keine Museen, keine Bibliotheken und auch keine Wohnhäuser. Dafür aber große, luxuriös eingerichtete Hotels, die am Rande des »Kurparks« errichtet wurden. Dieser »Kurpark« – die Anführungsstriche gehören zu seiner offiziellen Bezeichnung – ist eine mehrere hundert Meter weite, fast kreisrunde Fläche ohne Wege oder andere Begrenzungen, mit einem festen Belag aus rotem Ziegelsteinmehl, wie wir ihn auch bei Tennisplätzen kennen. Zwei völlig gleichartige, unscheinbare Gebäude – eine kleine Kirche und das ehemalige Gerätehaus der Feuerwehr – stehen etwas verloren auf der weiten Fläche des »Kurparks« und erinnern mit ihren immer frisch gestrichenen weißen Fassaden an die Vergangenheit von Neu-Lüttelborn, an die Zeit, als der Ort lediglich Lüttelborn hieß und ein kleines, romantisches Dorf war. Sie stehen unter Denkmalschutz.

Der »Kurpark« ist allen Kurgästen Neu-Lüttelborns jederzeit zugänglich. Lediglich ein kleiner Hubschrauberlandeplatz, ziemlich in der Mitte, ist durch einen Zaun abgetrennt und kann nur bei Bedarf betreten werden.

Wenn wir hier von Kurgästen sprechen, so ist das lediglich eine inoffizielle Bezeichnung für die Besucher Neu-Lüttelborns. Der Ort hat niemals die Erlaubnis erhalten, sich »Bad« oder »Luftkurort« zu nennen. Dafür fehlen auch alle Voraussetzungen.

Ein beliebtes Ausflugsziel in der Nähe Neu-Lüttelborns ist der Kreuzberg, etwa zwei Kilometer vom Ort entfernt und über einen asphaltierten Fußweg gut zu erreichen. Er ist die einzige Erhebung in der flachen Landschaft und die eigentliche Attraktion des Dorfes. Vor allem viele Engländer kommen nach Neu-Lüttelborn, um die in der Welt wohl einmalige geologische Duplizität zu bestaunen – ist der Kreuzberg doch das präzise Ebenbild eines Hügels nahe der schottischen Grenze, nur wenige Kilometer vom Strand der Nordsee entfernt. Dieser Hügel – im wahrsten Sinne des Wortes über Nacht entstanden und in den meisten Landkarten noch gar nicht verzeichnet – wird von den Bewohnern im Norden Englands »Newlittlemountain« genannt. Wie sein offizieller Name einmal lauten wird, ist bisher noch nicht geklärt. Wie man hört, wird es wohl bei dieser Bezeichnung bleiben.

Bei schönem Wetter sieht man denn auch immer mehrere hundert Menschen – keineswegs nur Engländer –, die wie fleißige Ameisen den Kreuzberg bevölkern, dabei jede Vertiefung und jede Erhebung untersuchen, um ihre Beobachtungen mit den zumeist mitgeführten Abbildungen des »Newlittlemountain« zu vergleichen. Immer wieder hört man Ausrufe des Staunens, wenn die anfangs noch sehr misstrauischen Entdecker tatsächlich hier das Ebenbild des nordenglischen Hügels erkennen.

Eine weitere Besonderheit, wenn auch ganz anderer Art, ist der Pfarrer Bodenlos. Er ist einer der beiden Bewohner Neu-Lüttelborns, die noch in dem alten Dorf Lüttelborn gelebt haben. Alle anderen ehemaligen Bürger dieses Ortes sind nach den Ereignissen, die zu dem jetzigen, recht sonderbaren Ort Neu-Lüttelborn geführt haben, entweder gestorben oder verzogen. Man hat nie wieder etwas von ihnen gehört.

Der Pfarrer lebt sehr zurückgezogen in einer kleinen Suite im vierzehnten Stock des »Heidehofes« – er ist eines der neuen Hotels – und beschäftigt sich hauptsächlich mit der Arachnologie, der Lehre und Wissenschaft von den Spinnentieren. Er hat darüber mehrere bedeutende Werke veröffentlicht. Wenn man den Pfarrer einmal zu Gesicht bekommt, dann macht er einen recht ungewöhnlichen Eindruck. Er ist einer jener Typen, deren Alter man nur schwer bestimmen kann, weil sie den Anschein vermitteln, sie wären schon als Greise zur Welt gekommen. Man kann sich den Pfarrer nicht als jungen, kräftigen Mann vorstellen. Doch das Ungewöhnlichste an ihm ist nicht sein unbestimmbares Alter, sein fremdartiges Aussehen mit den immer etwas verwahrlost erscheinenden weißen Haaren, dem langen Backenbart und der altmodischen, ungepflegt wirkenden Kleidung – nein, das Sonderbarste an ihm ist seine Spinne, seine ungewöhnlich große Spinne, die er immer bei sich trägt.

Nun ist der Begriff »groß« oder »klein« oder, wie in unserem Falle, »ungewöhnlich groß« bei Spinnen äußerst relativ und sagt genau genommen gar nichts über die wirkliche Größe des Tieres aus. Bei welchen Maßen kann man von einer großen Spinne sprechen? Wenn hier von einer sehr großen Spinne die Rede ist, dann meint das, der Körper des Tieres, also ohne die langen Beine, misst in der Länge etwa fünfundzwanzig oder gar siebenundzwanzig Zentimeter, und in der Breite sind es immerhin gute zwanzig Zentimeter. Rechnet man nun noch die langen Beine hinzu, dann kommt man tatsächlich auf eine ungewöhnliche Größe.

Der Pfarrer transportiert die Spinne in einem Käfig, ähnlich einem Vogelbauer. Oben ist der Käfig seltsamerweise offen. Nur eine Eisenstange ist quer darüber angebracht, in deren Mitte ein Handgriff befestigt ist, damit man den Käfig bequem tragen kann.

Nie sieht man den Pfarrer ohne seine Spinne. Wenn er bei schönem Wetter einen seiner seltenen Spaziergänge über den »Kurpark« zum Kreuzberg oder in den nahen »Großen Wald« macht, wenn er, was noch seltener geschieht, im Restaurant des Hotels sitzt oder wenn er alle vierzehn Tage in der kleinen Kirche predigt – immer ist die Spinne dabei. Manchmal hört man auch wie er mit seiner Spinne spricht. Hin und wieder streichelt er sogar ihren Rücken, was ihr wohl sehr gut gefällt, denn sie streckt dabei genüsslich ihre sieben Beine aus, gibt eigenartige, wispernde Laute von sich – das ist bei Spinnen sehr selten – und dreht dabei den Kopf, so weit es geht, dem Pfarrer entgegen. Man hat den Eindruck, als ob die beiden innige Blicke miteinander tauschen würden.

Der aufmerksame Leser wird hier einwenden, dass Spinnen nicht nur sieben, sondern acht Beine haben. Das stimmt. Die

Spinne des Pfarrers jedoch hat nur sieben! Wenn der Pfarrer darauf angesprochen wird, antwortet er immer sehr ausweichend, erzählt etwas von einem Unfall und lässt sich auf keine längeren Gespräche über dieses Thema ein.

Den Beruf eines katholischen Pfarrers übt Bodenlos schon seit langem nicht mehr aus. Wie schon erwähnt, hält er lediglich alle zwei Wochen in der kleinen ehemaligen Dorfkirche einen Gottesdienst ab.

Von dem anderen der beiden Lüttelborner, die hier in Neu-Lüttelborn leben, dem Dummen Bernhard, ist nicht viel zu sagen. Er heißt richtig Bernhard Dohler und ist der Sohn des ehemaligen Lehrers von Lüttelborn, der aber auch längst nicht mehr hier lebt. Man sagt, er hätte nach den tragischen Ereignissen um das Dorf Lüttelborn seinen Wohnsitz nach Spanien verlegt. Sein Sohn Bernhard, der geistig stark behindert ist, war jedoch zurückgeblieben und arbeitet jetzt in einem der neuen Hotels als Hausknecht. Er wohnt im Personaltrakt des »Heidehofes« und erledigt seine primitiven Arbeiten mit einer geradezu stupiden Zuverlässigkeit. Er scheint bedeutend jünger zu sein als der Pfarrer, hat ein auffallend breites Gesicht mit weit auseinander stehenden, blauen Augen, einer sehr kleinen Nase, dicken, wulstigen Lippen und einer ziemlich grauen, zerknitterten Gesichtshaut. Er ist sehr groß, so etwa einsfünfundachtzig, hält sich aber nicht sehr gerade und hat einen schlürfenden Gang. Der Pfarrer und Bernhard haben so gut wie keinen Kontakt miteinander. Man erzählt sich sogar von einem heftigen Streit der beiden, als sie einmal zufällig in der Halle des »Heidehofes« zusammentrafen. Dabei soll der Dumme Bernhard versucht haben, dem Pfarrer die Spinne zu entreißen. Nur mit viel Mühe habe der Pfarrer, mit Hilfe des Portiers, seine Spinne vor dem Zorn des Dummen Bernhard retten können.

2.

Das alte Lüttelborn war ein kleines, unbedeutendes, aber recht romantisches Dorf mit etwa einhundert Einwohnern. Es hatte einen sehr schönen Dorfplatz mit einer prächtigen Linde und einem großen Brunnen. In einem sehr alten, etwas ungepflegt wirkenden Haus an der südlichen Seite des Platzes wohnte der Lehrer Dohler, der dort auch die wenigen Kinder des Dorfes unterrichtete. An jedem zweiten Sonntag wurde vom Pfarrer des Nachbardorfes in dem Schulzimmer auch ein Gottesdienst abgehalten, denn Lüttelborn hatte keine eigene Kirche. Dem Schulhaus gegenüber gab es noch eine Dorfschänke, die aber an Werktagen nur abends geöffnet war.

Das dörfliche Leben verlief zumeist in gewohnten Bahnen. Von Todesfällen und gelegentlichen Hochzeiten einmal abgesehen gab es kaum eine Abwechslung. Bis zu jenem schlimmen Ereignis anlässlich der Einweihung des neuen Gerätehauses der Feuerwehr.

Es war ein warmer Tag im August. Schon am Morgen begann der Festtag mit dem Umzug einer Blaskapelle. Danach ging man in die Dorfschänke zum Frühschoppen, der sich bis in den späten Nachmittag ausdehnte und ohne Unterbrechung in ein Tanzvergnügen überging, das sowohl in der Schänke als auch auf dem Platz davor im Freien stattfand. Die Jugend aus Lüttelborn und aus den benachbarten Gemeinden wurde von Stunde zu Stunde übermütiger.

So auch Agnes und Bruno, die schon seit langer Zeit eng miteinander befreundet waren, damit aber auch große Probleme hatten. Der jetzt einundzwanzigjährige Bruno war der jüngere der beiden Söhne des Lüttelborner Bürgermeisters Behringer und seiner Frau Therese. Nach Meinung der Behringers passte

Agnes überhaupt nicht zu ihrem Sohn. Der gesellschaftliche Unterschied zwischen den beiden war auch wirklich sehr groß. Agnes war nicht nur eine arme Magd, auch über ihre Herkunft gab es nur Vermutungen. Eines Tages war sie im Dorf erschienen – keiner wusste, woher sie kam – und aufs Geratewohl in die Bauernhöfe gegangen, um dort nach Arbeit zu fragen. Zufällig suchte der Bauer Schwarz dringend eine Magd, und so nahm er sie bei sich auf. Zunächst sollte es nur vorübergehend sein. Da Agnes aber sehr fleißig und gewissenhaft war, wurde daraus eine Dauerbeschäftigung.

Agnes, in jeder Beziehung eine ungewöhnliche Frau, war sehr schön. Sie hatte rote, naturgelockte Haare, die sie ziemlich lang trug und immer mit einem Stirnreif so bändigte, dass sie brav in den Nacken fielen und bei der Arbeit nicht störten. Mit ihren blauen Augen und der hellen Haut machte sie fast einen zerbrechlichen Eindruck, was aber nicht der Wahrheit entsprach. Sie war in jeder Beziehung eine beherzte Person, die bei den Männern des Dorfes auch schon mal für Aufregung sorgte.

All das war Grund genug für die Behringers, ein Zusammentreffen ihres Sohnes mit Agnes zu verhindern, wann immer es nur möglich war. Die beiden mussten sich darum die ungewöhnlichsten Geheimtreffen ausdenken.

So auch an diesem Tag. Als der Abend kam und die Festgäste immer ausgelassener wurden, zog Agnes ihren Bruno zur Seite und flüsterte ihm etwas ins Ohr. Bruno war zunächst ziemlich verdutzt, doch dann überwogen die Freude und die Neugier und er stimmte begeistert zu.

Bruno konnte es manchmal gar nicht glauben, dass Agnes sich ausgerechnet in ihn verliebt hatte. Sie unterschied sich sehr von den anderen Dorfschönheiten. Es war aber nicht nur ihr Aussehen. Sie verhielt sich auch anders, als man es hier gewohnt war. Sie sprach anders, dachte anders, war sowohl lustig und übermütig als auch oft ohne erkennbaren Grund traurig und verzagt, liebte Pflanzen und Tiere und hegte eine besondere Vorliebe für Spinnen, konnte stundenlang vor einem fein gesponnen Spinnengewebe stehen und das Tier beobachten, wie es Fliegen verzehrte, das Netz reparierte oder unbeweglich auf

Beute lauerte. Dann war sie für niemanden zu sprechen. Noch nicht einmal Bruno durfte sie dabei stören. Ansonsten war sie recht aufgeschlossen. Man konnte sich mit ihr über viele Dinge unterhalten. Ganz gleich, ob es dabei um Probleme der Landwirtschaft ging oder um kulturelle Ereignisse, wie zum Beispiel die Festspiele, die in den letzten Jahren nicht nur von größeren Städten, sondern in zunehmendem Maße auch von ländlichen Gemeinden und kleineren Dörfern veranstaltet wurden. Nur wenn die Sprache auf ihre Herkunft kam, wurde sie verstockt, ja direkt böse. »Wenn ich dir nicht gut genug bin, dann geh!«, hatte sie erst kürzlich zu Bruno gesagt, als er wieder einmal versucht hatte, etwas mehr über sie zu erfahren.

Die Zeit verging schnell, die Musiker hatten ihre Instrumente eingepackt. Trubel und Lärm der vergangenen Stunden waren einer fast unnatürlichen Ruhe gewichen. Nur noch einige unermüdliche Zecher torkelten über den Dorfplatz, lallten vor sich hin oder versuchten, den Heimweg zu finden. Sie kümmerten sich nicht um das Donnern und Blitzen eines noch fernen Gewitters, das sich mit gefährlich aufgetürmten Wolkenbergen von Westen her näherte, wie es oft nach heißen Sommertagen geschieht. Aber noch war es ruhig und friedlich in Lüttelborn. Es wurde Zeit für Bruno.

Langsam ging er durch die dunklen Straßen des Dorfes und erreichte bald das etwas außerhalb gelegene neue Gerätehaus der Feuerwehr, das während des ganzen Tages im Mittelpunkt des Interesses gestanden hatte. Jetzt war hier kein Mensch mehr zu sehen. Als wäre es sich seiner Bedeutung bewusst, stand es majestätisch in der Dunkelheit und wurde nur hin und wieder von den Blitzen des sich nähernden Gewitters erhellt. Eine wildromantische Kulisse, allerdings ein wenig unheimlich.

Bruno musste sich anstrengen, um das große Tor zu öffnen. Es ging sehr schwer und quietschte auch ein wenig, so dass er erschrak und sich ängstlich umsah, aber niemand war zu sehen. Die Dorfbewohner schliefen ihre Räusche aus.

Er öffnete das Tor nur so weit, dass er hindurchschlüpfen konnte. Dann schloss er es wieder ebenso vorsichtig, wie er es geöffnet hatte. Im Licht der nun immer dichter aufeinander folgenden Blitze erkannte er die neue Spritze. Rot gestrichen, mit glänzenden Messingteilen stand sie da und war prächtig anzusehen. Zögernd fasste er sie an, betastete die Schläuche und war richtig stolz auf diese für Lüttelborn so bedeutende Anschaffung.

»Agnes!«, rief er leise; aber er bekam keine Antwort. Immer noch sehr zögernd ging er an der Spritze vorbei, weiter in den Raum hinein. Und dann, als zwei Blitze dicht aufeinander folgten und den Raum für kurze Zeit fast taghell erleuchteten, traute er seinen Augen nicht. In einer Kulisse von Regalen, in denen allerlei Zubehör für die neue Spritze lag, in dieser nüchternen, ganz und gar unromantischen Umgebung, stand Agnes, nackt wie Gott sie erschaffen hatte. Sie streckte ihm ihre Arme entgegen und sagte mit einer an ihr ganz ungewohnten, etwas heiseren, lasziven Stimme: »Komm zu mir, Bruno!«

Ein gewaltiges Donnergrollen übertönte Brunos überflüssige Frage: »Agnes, bist du es?«

»Komm zu mir, Bruno!«, wiederholte sie ihre Aufforderung.

Bruno, der zunächst bewegungslos dastand und nicht zu begreifen schien, was sich hier ereignete, wurde plötzlich wie von einer fremden Macht geführt. Zuerst langsam, dann immer schneller ging er auf Agnes zu, bis sie sich endlich in den Armen lagen. Bruno fühlte die weiche, warme Haut seiner Freundin, presste sich an sie und sie küssten sich, wie es vorher noch nie geschehen war. Als Agnes anfing, Bruno zu entkleiden, als sie sein Jackett und sein Hemd abgestreift hatte, erschraken beide – die Tür des Gerätehauses wurde quietschend geöffnet. Zu ihrem Schrecken sahen sie, wie Bromme, der Brandmeister, hereinkam. Er war nicht mehr ganz nüchtern und lallte etwas vor sich hin von Abschließen, Leichtsinn und Verantwortung, gab dann der Spritze einen leichten Fußtritt, der wohl zärtlich gemeint war, und ging wieder. Sie hörten, wie er von außen das große Tor verschloss, den schweren Riegel vorschob und dann, immer noch vor sich hin brabbelnd, davonging. Bruno sagte ängstlich: »Jetzt hat er uns eingeschlossen.«

Ehe sie noch lange darüber nachdenken konnten, brach ein fürchterliches Unwetter über Lüttelborn herein. Plötzlich regnete es so stark, als würden sämtliche Feuerwehrspritzen der Welt ihre Wasserstrahlen auf das neue Gerätehaus richten. Grelle Blitze und das brüllende Wummern der immer dichter aufeinander folgenden Donner verwandelten die Welt in eine tosende Hölle. Die beiden klammerten sich ängstlich aneinander. Dann war es, als ob ein böser Teufel mit seiner Riesenfaust dreinschlagen würde, um mit furchtbarem Getöse Feuer und Wasser zu versprühen. Sie sahen die Flammen, die wie gierige, schnell wachsende Ungeheuer Geräte, Schläuche und Regale fraßen und aus dem Raum im Nu einen prasselnden Feuerofen machten.

Ohne sich lange zu besinnen, liefen die beiden durch das immer wütender werdende Feuer zum Tor, doch sie konnten es nicht öffnen. Bald sanken sie zu Boden und hatten nicht mehr die Zeit, sich in ihrer Angst und in ihrer Verzweiflung zu umarmen.

Bromme bemerkte das Feuer auf seinem Heimweg. Überraschend schnell wurde er nüchtern und alarmierte die Männer der Feuerwehr. Die wenigen, die nüchtern genug waren, um dem Alarm zu folgen, standen bald hilflos vor dem brennenden Inferno und mussten zusehen, wie ihr schönes Gerätehaus und die neue Feuerwehrspritze verbrannten. An alles hatte der Brandmeister gedacht und jedem Mann der Feuerwehr ein schön gebundenes Heft mit Verhaltensmaßregeln und Bedienungsanleitungen ausgehändigt; aber was nützte das jetzt, wo die Geräte der Feuerwehr selbst Opfer der Flammen wurden. Eine fatale Situation.

Nur einer der Zuschauer war ganz offensichtlich über das verheerende Schauspiel, das sich ihnen darbot, sehr erfreut. Doch er gehörte nicht zur Feuerwehr. Es war Bernhard, der Sohn des Lehrers Dohler. Er war schon fünfzehn oder sechzehn Jahre alt, benahm sich aber immer noch wie ein sechsjähriges Kind. Die Dorfbewohner hatten sich an den Dummen Bernhard gewöhnt. Seinem Vater brachte man schon deshalb hin und wieder sogar ehrliches Mitleid entgegen, weil sein eigener Sohn nicht in der Lage war, die Schule zu besuchen. Es war dem Lehrer Dohler noch nicht einmal gelungen, ihm wenigstens die Grundbegriffe des Schreibens und Rechnens beizubringen. »Es ist bei der Geburt geschehen«, sagten die Frauen des Dorfes wissend und auch ein wenig schadenfroh. Frau Dohler war dabei gestorben.

Bernhard war aber nicht nur geistig stark behindert, sondern auch mondsüchtig. Er trieb sich oft, vor allem in mondhellen Nächten, im Dorf und auf den umliegenden Feldern herum. In dieser Nacht wurde er natürlich von dem Feuer angelockt, das ihn ungemein interessierte. Er tanzte von einem Bein auf das andere, drehte sich im Kreis, lief hin und her und gab dabei jauchzende Laute von sich. Die Männer beachteten ihn gar nicht. Nur als er plötzlich in das Feuer hineinlaufen wollte, hielten sie ihn natürlich zurück. Er wehrte sich verbissen, und es gelang ihm noch, ein glühendes Stück Holz zu nehmen, das er aber bald mit einem lauten Schrei wieder von sich warf. Er hatte sich dabei gehörig die Hände verbrannt. Das hinderte ihn aber nicht daran, einen Teil des Fensterkreuzes, das von dem brennenden Gebäude nach außen gefallen war, mit dem Fuß einige Meter vom Brandherd wegzutreten. Nun hatte er, wie es schien, sein eigenes Feuer, das er umtanzte und worüber er sich freute. Die Männer standen weiter schweigend und traurig vor dem brennenden Gebäude. Einige mussten sogar ihre Tränen unterdrücken.

Wie zum Hohn ertönte dann auch noch die kleine Feuerglocke, die in dem Türmchen des Gerätehauses hing. Von der aufsteigenden Hitze bewegt, bimmelte sie sinnlos durch Feuer und Rauch, bis sie, zusammen mit dem ganzen Dachstuhl, in das glühende und Funken sprühende Chaos stürzte. Es wurde schon langsam hell, als die letzten Flammen erloschen.

Die Nachricht von dem Feuer sprach sich in den frühen Morgenstunden schnell im Dorf herum. Als die ersten Neugierigen zum Unglücksort kamen, trafen sie den völlig verstörten Bernhard Dohler an, der wohl die ganze Nacht dort ausgeharrt hatte. Er stand vor den verkohlten Trümmern, gestikulierte heftig mit seinen Armen und versuchte, den herbeieilenden Leuten etwas zu erklären. Er war jedoch so erregt, dass er nur unartikulierte Laute hervorbrachte. Erst als sein Vater kam, ihn umarmte und beruhigend auf ihn einsprach, konnte er einige zusammenhängende Sätze sprechen. »Die Spinne«, sagte er und zitterte am ganzen Körper. »Die große, große Spinne!« Die letzten Worte hatte er hinausgeschrien und sich dabei an seinen Vater geklammert.

»Was ist mit der Spinne?«, fragte der Vater leise und beruhigend.

Bernhard, immer noch dicht an seinen Vater gelehnt, antwortete: »Sie kroch da heraus.« Er zeigte auf die Stelle, wo hinter dem völlig verbrannten Eingangstor Asche, verkohlte Bretter und andere Trümmer lagen. »Da kroch sie heraus.«

Die Leute blickten sich an und schüttelten die Köpfe.

»So ein Blödsinn«, hörte man eine Frau sagen. »Eine Spinne. Na, wenn schon. Eine Spinne ist doch nun wirklich nichts Besonderes. Der Junge ist ja total übergeschnappt.«

»Sie war aber so groß!«, schrie Bernhard und hielt seine Hände etwa dreißig Zentimeter auseinander.

Das löste nun erst recht Gelächter aus, und ein Mann sagte mit wegwerfender Gestik: »So große Spinnen gibt es doch gar nicht.«

»Sie war aber so groß«, beharrte Bernhard und fügte hinzu: »Sie ist dann langsam dort ins Feld hineingelaufen.«

Ehe die Leute sich weiter über die unglaubliche Mitteilung des Bernhard amüsieren konnten, wurde ihre Aufmerksamkeit auf die Frau des Bürgermeisters gelenkt, auf Therese Behringer. Sie hatte einen lauten Schrei ausgestoßen und zeigte mit ausgestrecktem Arm auf die Stelle, wo Bernhard die Spinne gesehen haben wollte. Alle blickten jetzt in diese Richtung und Bromme, der Brandmeister, ging langsam dorthin und schob mit seinem rechten Fuß verkohlte Holzstücke beiseite. »Mein Gott«, sagte er nur. Und noch einmal: »Mein Gott!«

Jetzt traten alle näher. Zuerst vereinzelt und leise, dann immer lauter durcheinander redend, hörte man entsetzte Ausrufe: »Dort liegt ein Toter!« – »Ein Mensch ist hier verbrannt!« – »Mein Gott, wer ist das?«

Die gründlichen Untersuchungen der zuständigen Behörden ergaben dann bald, dass es sich bei dem Toten um Bruno Behringer handelte, den jüngsten Sohn des Bürgermeisters.

Niemand konnte es sich erklären, warum Bruno zu dieser Zeit in diesem Gebäude gewesen war.

Die Trauer um den allseits beliebten Bruno Behringer war groß. Man brachte seinen Eltern echte Anteilnahme entgegen. Dass Agnes, die Magd auf dem Hof des Bauern Schwarz, seit dem Brand des Gerätehauses verschwunden war, wurde nur am Rande zur Kenntnis genommen. Sie war in den Augen der Lüttelborner lediglich eine »Hergelaufene«. Keiner wusste, woher sie gekommen war, und niemanden interessierte es, warum sie das Dorf verlassen hatte.

3.

Schon eine Woche, nachdem Bruno Behringer beerdigt worden war, versammelte der Bürgermeister den Gemeinderat. Wie schon seit Generationen gehörten ihm außer dem Bürgermeister Behringer noch die drei größten Bauern des Ortes an: Heinrich Bromme, der Brandmeister, also Chef der Feuerwehr war, Peter Holling und Benjamin Schwarz. Die Behringers stellten schon seit vielen Generationen die Bürgermeister. Neuerdings wurde zwar alle paar Jahre der Gemeinderat neu gewählt – die gesetzlichen Bestimmungen waren jetzt so –, aber in der Praxis hatte sich dadurch nichts geändert. Die Lüttelborner Hierarchie war seit jeher konstant.

Behringer war ein großer, schwerer Mann mit kurz geschnittenen, ergrauten Haaren und einem im Verhältnis zu seinem massigen Körper etwas zu kleinen Kopf. Sein Hals war sehr kurz. Wenn er am Tisch saß und sich mit den Ellenbogen aufstützte, dann war es, als ob die breiten, kräftigen Schultern den Kopf von beiden Seiten abstützen würden. Er war ein recht umgänglicher Mann, zwar sehr dominierend, aber auch, wenn es sein musste, diskussionsbereit. Das Unglück mit seinem Sohn hatte ihn schwer getroffen. Die Mitglieder des Gemeinderates merkten deutlich, wie sehr er sich anstrengen musste, um die Aufgaben des Bürgermeisters wahrzunehmen.

Sie tagten, wie meistens, in der Dorfschänke. Das einzige Thema der heutigen Sitzung war der Brand des Gerätehauses der Feuerwehr. Sie wollten es so schnell wie möglich wieder aufbauen, soweit war man sich schnell einig. Als dann aber Benjamin Schwarz den Vorschlag machte, auch noch ein zweites Gerätehaus zu bauen, waren zunächst alle sprachlos. Sie saßen da und blickten Schwarz wie ein Wesen aus einer anderen

Welt an. Peter Holling fasste sich als Erster. Mit provozierend langsamen Bewegungen beugte er sich Schwarz entgegen, wobei er mit seinen Händen die Tischkante umklammerte, und fragte sehr leise, aber dennoch drohend: »Ein zweites Gerätehaus?«

Benjamin Schwarz war daraufhin so verschüchtert, dass er sich nicht traute, auf diese doch sehr einfache Frage zu antworten. Er musste seinen ganzen Mut aufbringen, um wenigstens zaghaft mit dem Kopf zu nicken.

Nun muss man wissen, dass Schwarz im Gemeinderat einen schweren Stand hatte. Er war nämlich ein »Zugezogener«. Seine Familie bewirtschaftete den Mühlenhof jetzt zwar auch schon in der vierten Generation, aber für die Lüttelborner waren sie immer noch so etwas wie Eindringlinge. Dass sie keine Kinder hatten, trug auch nicht gerade zur Vergrößerung ihres Ansehens bei. Zudem war Benjamin Schwarz kein Mann, der sich leicht Respekt verschaffen konnte. Er war ein hagerer Typ mit dunkelbraunen, fast schwarzen Haaren, die meistens etwas zu lang waren und auch ziemlich ungepflegt wirkten. Ein Oberlippenbart, eingefallene Wangen und eine schmale, große Nase gaben seinem Aussehen etwas Asketisches. Wenn er einige Zuhörer hatte, kam er leicht ins Stottern, verheddert sich und brachte kaum einen Satz auf Anhieb zu Ende. Er war nur Mitglied des Gemeinderates geworden, weil nun einmal der Bauer des Mühlenhofes schon immer Mitglied des Gemeinderates war.

Eine ganze Zeit lang saßen die Männer still und fast bewegungslos da, bis Bromme kopfschüttelnd zu Schwarz sagte: »Du bist wohl total verrückt geworden.«

Nun sprachen sie plötzlich alle durcheinander. Der arme Benjamin Schwarz konnte kaum den verächtlichen und spöttischen Bemerkungen folgen, mit denen er attackiert wurde. Schließlich beendete der Bürgermeister das sinnlose Geschwätz und fragte Schwarz: »Warum sollen wir denn zwei Gerätehäuser bauen?«

Schwarz, immer noch ganz verschüchtert, sagte: »Meine Frau meint … ja … und ich auch … es ist doch so … wenn dann eines der beiden … ich meine, wenn es brennt … dann können wir es … ganz einfach … ich meine … und meine Frau auch …

dann können wir es … nun ja … dann können wir es mit den Geräten des anderen löschen.«

Die letzten Worte hatte er für seine Verhältnisse ungewöhnlich schnell gesprochen, ja geradezu hinausgeschleudert, als fürchte er, nicht ausreden zu dürfen.

Zunächst waren alle verblüfft. Dann meldete der Bürgermeister sich zögernd zu Wort: »Die Idee ist gar nicht so verrückt, wie man zuerst denkt.«

Bromme und Holling blickten ihn vorwurfsvoll an und Bromme bemerkte: »Nun sag nur noch, du willst auch zwei Gerätehäuser bauen.«

»Ich denk nur darüber nach«, erwiderte der Bürgermeister, »ob unser Bruno auch ums Leben gekommen wäre, wenn wir eine zweite Feuerwehrspritze gehabt hätten, um damit das brennende Gerätehaus zu löschen.«

Nun schwiegen alle etwas betroffen. Selbst Bromme, der sich gewiss nicht durch Feinfühligkeit auszeichnete, wusste im Moment nichts zu sagen. Er nahm sein Taschentuch und wischte sich damit über seine Glatze. Dabei blickte er Benjamin Schwarz böse an. Dann strich er mit einer unbewussten, fahrigen Handbewegung durch seinen kurz geschnittenen Backenbart, der von einem Ohr zum anderen reichte und zusammen mit der etwas nach vorne gewölbten Stirn und der auffallend kleinen Nase seinem Gesicht eine konkave Form gab.

»Da ist was dran«, ließ sich nun auch Peter Holling vernehmen.

»In keinem Dorf weit und breit hat die Feuerwehr zwei Gerätehäuser!« Bromme stand auf und lief ärgerlich hin und her.

Ausgerechnet in dieser kritischen Situation wurde die Sitzung gestört, weil der Arzt Dr. Köhler eintrat. Er war nicht nur ein guter Bekannter der Lüttelborner, sondern stammte auch aus diesem Ort. Schon seit vielen Jahren kam er mehr oder weniger regelmäßig in das Dorf, um die Lüttelborner von ihren Wehwehchen zu heilen. Mit den meisten im Dorf stand er auf Du und Du.

»Guten Tag, Leute«, begrüßte er die Anwesenden. Und an Behringer gewandt: »Entschuldige, dass ich nicht eher gekommen bin. Ich hatte noch im Krankenhaus zu tun. Dieser Tribüneneinsturz – also ich sage euch, die Leute haben mehr Glück als Verstand gehabt. Nur fünf Verletzte und keiner besonders schwer. Es hätte auch Tote geben können.« Er hängte seinen etwas verwegenen Hut und den grünen Lodenmantel, den er als passionierter Jäger immer trug, an den Garderobenständer und setzte sich dann zu den Männern. »Ich war schon bei dir zu Hause«, sagte er zu Behringer. »Deine Frau sagte mir, wo du bist. Da dachte ich, du kannst mir deinen verletzten Arm auch hier zeigen. Zunächst möchte ich dir aber mein herzliches Beileid zum Tod deines Sohnes aussprechen.«

»Vielen Dank«, sagte Behringer. Und noch einmal: »Vielen Dank.«

»Nun zeig mir mal den verletzten Arm!«

»Das ist gar nicht so schlimm«, wiegelte der Bürgermeister ab. »Ich hätte dich gar nicht bemüht, aber du weißt ja, wie die Frauen sind.«

»Zeig mal her!«

Behringer krempelte den Ärmel hoch und zeigte dem Arzt seinen rechten Unterarm. Dabei sagte er: »Als wir die Trümmer durchsucht haben, ist mir ein glühendes Stück Holz darauf gefallen. Jetzt hat es sich ein bisschen entzündet. Es ist weiter nicht schlimm.«

Der Arzt besah sich die Brandwunde. »Das ist wirklich nicht schlimm; aber man muss dennoch etwas dagegen tun, sonst kann es schlimm werden. Ein bisschen Salbe und ein kleiner Verband werden genügen. In ein paar Tagen ist alles wieder in Ordnung.«

»Sag ich ja«, knurrte Behringer.

Der Arzt öffnete seine große Ledertasche, nahm Salbe und Verbandzeug heraus und behandelte den Arm des Bürgermeisters.

»Wo ist eine Tribüne eingestürzt?«, fragte Holling neugierig den Arzt.

Ohne seine Arbeit zu unterbrechen, antwortete der: »Bei den Festspielen in Rexhausen. Ich sage euch, die Leute haben eine ganze Kompanie Schutzengel gehabt. Fast fünfhundert Menschen saßen heute Morgen bei der Matinee auf dieser verfluchten Tribüne, als sie einstürzte, und nur fünf Verletzte. Ein Wunder.«

»Die Rexhausener mit ihren Festspielen. Das haben sie nun davon«, bemerkte Bromme verächtlich. »So ein Blödsinn.«

»Sag das nicht«, widersprach der Bürgermeister. »Die tun wenigstens etwas.«

»Sag nur, du findest das gut.« Bromme sah den Bürgermeister böse an.

»Immer mehr Städte und Gemeinden veranstalten sommerliche Festspiele«, stellte der Arzt fest.

»Und wozu dieser Aufwand?«, fragte Holling.

»Es bringt Geld«, antwortete Behringer. »Wenn man es richtig anstellt, bringt es wahrscheinlich mehr Geld, als wir mit unseren Kühen und Schweinen und überhaupt mit unserer ganzen Drecksarbeit verdienen können.«

»Willst du hier in Lüttelborn etwa auch Festspiele veranstalten?«, fragte Bromme provozierend und setzte sich wieder auf seinen Platz.

»Warum nicht? Aber mit euch ist das ja nicht zu machen, ihr sturen Köppe!«

Der Arzt musste lachen, und Bromme meinte: »Das musst ausgerechnet du mir sagen.«

»An eurer Stelle würde ich mir die Sache doch noch einmal überlegen«, meinte Dr. Köhler. »Viele Gemeinden haben gute Erfahrungen mit ihren Festspielen gemacht. Das Seefest in Hollhausen zum Beispiel war auch in diesem Jahr wieder ein großer Erfolg und die historische Fürstenhochzeit in Dorfweil auch, ganz zu schweigen von dem antiken Schlachtfest in ...«

»Es ist schon gut, Doktor, es ist schon gut«, unterbrach ihn Bromme. »Jetzt musst du uns nur noch mit den Salzburger oder den Bayreuther Festspielen kommen. Wir sind ein kleines Dorf und sind froh, wenn wir auch ohne solchen Festspieltrubel unsere Probleme in den Griff kriegen.«

»Ich will euch ja zu nichts verleiten«, beschwichtigte Dr. Köhler. »Vergleiche mit Salzburg oder Bayreuth sind natürlich nicht angebracht, aber, wie man sehen kann, gibt es auch noch andere Möglichkeiten.«

Der Doktor hatte seine Arbeit beendet und betrachtete nun wohlgefällig den Verband, den er dem Bürgermeister angelegt hatte. »So, das hätten wir«, sagte er und packte seine Sachen wieder ein. »Wenn du den Arm jetzt noch ein wenig schonst, dann dürfte es keine Probleme geben. Zum Glück ist die Verletzung an einer – wenn man so will – günstigen Stelle. Wenn dir das Holzstück ins Gesicht gefallen wäre, könnten wir die Sache nicht so leicht nehmen.«

»So schlimm wäre das auch nicht gewesen«, sagte Holling und lachte dabei. »An deinem Gesicht ist ja nicht mehr viel zu verderben.«

Alle lachten. »Nun hört euch diesen Kerl an.« Behringer spielte den Beleidigten. »Sieht selbst aus wie Tarzan mit seinem Strubbelbart und seinen langen Haaren und macht sich hier über mich lustig.«

»Auch dann hätten wir dich bestimmt wieder hingekriegt«, meinte der Doktor beruhigend. »Wir haben doch an unserer Klinik einen ganz bekannten, um nicht zu sagen berühmten Kollegen, den Dr. Lodinger. Er ist einer der besten Ärzte für plastische Chirurgie. Speziell für Brandverletzungen. Gerade vor ein paar Tagen erst hatte er einen sehr interessanten Fall: eine junge, hübsche Frau kam zu ihm, rothaarig, tolle Figur …«

»Achtet ihr auf so etwas, wenn eine verletzte Frau zu euch in die Klinik kommt?«

»Blödsinn!«, sagte Dr. Köhler etwas unwirsch. »So etwas fällt einfach auf. Außerdem ist es ja nichts Schlimmes, wenn man von einer Frau sagt, sie sei schön. Oder ist das hier bei euch auf dem Dorf verboten?«

»Nun reg dich nicht auf, Doktor, nein, das ist bei uns nicht verboten, und ich garantiere dir, dass du unser Dorf auch wieder als freier Mann verlassen kannst. Also, was war nun mit dieser so wunderschönen Frau?«

»Sie hatte Verbrennungen im Gesicht und stand unter Schock, denn sie konnte oder wollte weder Auskunft über die Entstehung der Verletzung geben noch ihren Namen nennen. Papiere hatte sie auch nicht dabei. Der Kollege hat sie selbstverständlich trotzdem sofort behandelt und konnte ihr berechtigte Hoffnungen auf eine Wiederherstellung ihres verletzten Gesichtes machen. Allerdings sagte er ihr auch, dass zwar mit großer Wahrscheinlichkeit keine sichtbaren Narben zurückbleiben würden, ihr Aussehen sich aber insgesamt verändern könne. Man mag nun darüber streiten, ob es richtig war, der Frau das und zu diesem Zeitpunkt zu sagen. Jedenfalls ist sie ihm weggelaufen.« Der Arzt stand auf, ging zum Garderobenständer und zog seinen Mantel an.

»Weggelaufen?«, fragte Schwarz. »Aus dem Operationssaal … ich meine … so einfach … einfach weggelaufen?«

»Nein, das nun nicht gerade. Erst nach zwei Tagen. Ein sonderbarer Fall.«

»Das kann doch lebensgefährlich sein«, sagte Behringer. »Habt ihr denn nichts unternommen, um sie wieder zu finden?«

»Doch, haben wir, aber leider bisher ohne Erfolg.«

»Das ist ja sonderbar.« Holling schüttelte verständnislos den Kopf.

»Ich verstehe es auch nicht«, sagte Dr. Köhler. »Der Pförtner hat sogar gesehen, wie sie vor der Klinik in ein Auto mit Münchner Kennzeichen gestiegen ist und konnte der Polizei den Wagen genau beschreiben. Sogar die Autonummer hatte er sich gemerkt.«

»Und trotzdem hat man sie nicht gefunden?«

»Schon nach wenigen Minuten hatte die Polizei das Auto gestellt«, erklärte der Arzt, »aber die Patientin war nicht darin. Nur eine ältere Frau aus München, die angeblich von alledem nichts wusste.«

»Sehr rätselhaft«, sagte Behringer.

»Jetzt muss ich aber weiter.« Der Arzt nahm seine Tasche. Als er schon in der Tür stand, drehte er sich noch einmal um und fragte: »Wann baut ihr denn das abgebrannte Gerätehaus wieder auf?«

»Wir fangen in den nächsten Tagen damit an«, antwortete der Bürgermeister, und Benjamin Schwarz ergänzte: »Wahrscheinlich … ich meine … bauen wir sogar … vielleicht … ich denke … wir bauen sogar zwei Gerätehäuser.«

»Zwei Gerätehäuser?«, wunderte sich der Doktor. »Wozu braucht ihr denn zwei?«

»Wir wollen darauf warten, dass ein Gerätehaus brennt, und es dann mit der Spritze des anderen löschen«, sagte Bromme ärgerlich und brummelte in seinen Bart: »So ein Blödsinn.«

Der Arzt blickte die Männer erstaunt an, schüttelte dann seinen Kopf und ging.

4.

Die Lüttelborner bauten das zweite Gerätehaus. Und zwar direkt neben dem ersten und nach denselben Plänen, so dass die beiden Gebäude sich zum Verwechseln ähnlich sahen.

Danach wurde das Dorf lange Zeit vom Feuer verschont. Zwar hielt die Feuerwehr unter der Leitung ihres Brandmeisters Bromme regelmäßig alle zwei Wochen Übungen ab; da sie aber den Ernstfall nicht kennen lernten, wurden die Männer immer schlampiger, und die Übungen verkamen mehr und mehr zu fröhlichen Zusammenkünften, wo dem Alkohol mehr Interesse entgegengebracht wurde als den Methoden der Brandbekämpfung. Meistens begannen die Zusammenkünfte mit einer langen und heftigen Diskussion darüber, welches der beiden Gerätehäuser man nun benutzen sollte, denn beide waren gleich ausgerüstet, was ja eigentlich eine gute Sache war.

Ein ständiger, wenn auch ungebetener Gast bei diesen Übungen war der Dumme Bernhard. Er interessierte sich für alles, was die Männer taten – obwohl er davon ganz sicher überhaupt nichts verstand. Die Männer reagierten unterschiedlich auf solche Störungen. Manchmal scheuchten sie ihn mit lauten Flüchen weg, was aber nicht viel nutzte, denn schon bald war er wieder zurück. Wenn sie gut gelaunt waren, dann zündeten sie ihm an einer sicheren Stelle ein paar Holzstücke oder ein Bündel Stroh an, was von Bernhard jedes Mal mit einem wahren Freudengeheul begrüßt wurde.

Seit dem Brand des Gerätehauses war eines seiner Lieblingswörter »Feuer«. Er wiederholte es oft sinnlos mehrmals hintereinander.

Erst wenn die Feuerwehrleute ihre Übungen beendet hatten

und in die Dorfschänke gingen, trollte auch Bernhard sich davon.

Dann kam der denkwürdige Tag der Bürgermeisterwahl. Der alte Behringer wollte aus Altersgründen zurücktreten. Dass nun sein Sohn Gerhard dieses Amt übernehmen werde, war für alle selbstverständlich. Der Form halber wurde jedoch eine Wahl durchgeführt, die dann, wie erwartet, zugunsten des Georg Behringer entschieden wurde, zumal er keinen Gegenkandidaten hatte.

Die Behringers ließen sich nicht lumpen: Nach der Wahl versammelte sich die ganze Dorfbevölkerung in der Schänke und auf dem Dorfplatz, um auf Kosten des neuen Bürgermeisters zu essen und zu trinken.

Und dann brannte plötzlich der große Hof der Behringers! Der Dumme Bernhard hatte es, wie es schien, als Erster bemerkt. Noch ehe eine große Rauchsäule oder gar die lodernden Flammen zu sehen waren, kam er frohgemut in die Dorfschänke gerannt und schrie mit vor Freude strahlendem Gesicht: »Feuer! Feuer! Feuer!«

Gut gelaunt wie die Leute waren, lachten sie darüber. Man war es ja von ihm gewohnt. Einer bot ihm sogar ein Glas Bier an, was der Dumme Bernhard auch annahm. Er trank es aber nicht, sondern schüttete das Bier über die Theke, wobei er lächelnd sagte: »Feuer löschen!«

Das war neu! Jedoch ehe sie noch lange darüber nachdenken konnten, kam ein Mann in die Gaststube gestürmt und verkündete aufgeregt: »Der Behringer-Hof steht in Flammen!«

Da sämtliche Feuerwehrmänner bei dem Fest anwesend waren, vergingen kaum ein paar Minuten, bis sich alle bei den Gerätehäusern versammelt hatten. Und dann geschah das, was in den letzten Jahren bei den Übungen meistens geschehen war: Sie konnten sich nicht einigen, welches Gerätehaus sie benutzen sollten. Es wurde immer heftiger und immer lauter diskutiert, und die mehr oder weniger dummen Argumente wurden zunehmend unsachlicher ausgetauscht. Als sie dann endlich übereingekommen waren und mit ihrer Spritze an der Brandstelle erschienen, war nichts mehr zu retten.

Danach entstand ein heftiger Streit zwischen dem Brandmeister und dem neuen Bürgermeister, die sich gegenseitig die
Schuld an dem Missgeschick zuschoben. Bromme sagte dabei
in seinem Zorn, er würde am liebsten das zweite Gerätehaus,
dessen Errichtung er schon immer missbilligt habe, wieder ab-
reißen, damit ein so verhängnisvoller Streit bei der Brandbekämpfung nicht mehr entstehen könne.

Als sich nach einigen Tagen die Gemüter wieder etwas beruhigt hatten, konnte auch Georg Behringer die Argumente des
Brandmeisters nicht mehr so einfach von der Hand weisen. Mit
dem Gedanken, das zweite Gerätehaus einfach wieder abzurei-
ßen, wollte er sich allerdings nicht anfreunden. Nach langem
Nachdenken kam er dann auf die Idee, eines der beiden Gebäude zu einer kleinen Kirche umzubauen. Das wurde von den
Dorfbewohnern einhellig begrüßt. Vor allem auch deshalb, weil
die Familie Behringer die Kosten für den Umbau übernehmen
wollte, wenn in der Kirche ein Altar zum Gedenken an ihren
Sohn Bruno eingerichtet würde. Damit waren alle einverstanden. So geschah es, dass gleichzeitig mit dem Wiederaufbau des
Behringer-Hofes auch eine kleine Kirche eingerichtet wurde.

Nun hatte das Dorf auch seine eigene Kirche und brauchte
jetzt nur noch einen Pfarrer. Der Bürgermeister machte eine
entsprechende Eingabe beim Bischof. Zur allgemeinen Überraschung wurde der Bitte entsprochen und Pfarrer Bodenlos kam
ins Dorf. Er wirkte dort zu aller Zufriedenheit brav, still und
bescheiden, bis Arachne Lenzinger seine Haushälterin wurde.
Doch bis dahin hat es noch eine gute Weile.

5.

Es war eine aufregende Zeit für Lüttelborn. Nach dem großen Brand des Behringer-Hofes und den damit verbundenen Unruhen und Spekulationen, nach den polizeilichen Untersuchungen und Zeugenvernehmungen – die Behörden wollten zunächst eine Brandstiftung nicht ausschließen – hatte man jetzt plötzlich nicht nur eine eigene Kirche, sondern sogar auch noch einen eigenen Pfarrer. Und was für einen! Die Kirchenleitung hatte ihnen einen jungen, stattlichen Mann geschickt. Die Mädchen des Dorfes bedauerten es sehr, dass er katholischer Priester war und durch das Zölibat lediglich ihre Fantasie beflügeln konnte. Mit ihm kam seine ältere Schwester, um den Pfarrhaushalt zu führen. Eine ziemlich mürrische Person, gute fünfzig Jahre alt und etwas kränklich. Während Pfarrer Bodenlos schon bald einen guten Kontakt zu den Dorfbewohnern hatte, blieb seine Schwester eine Einzelgängerin. Sie tat zwar ihre Pflicht, war jedoch darüber hinaus nicht sehr an Lüttelborn interessiert.

Da die Lüttelborner bisher kein Pfarrhaus hatten, wurde dem Pfarrer ein altes Haus hergerichtet, in dem bis vor kurzem noch ein recht sonderbarer Mann gewohnt hatte, von dem niemand so recht wusste, was er eigentlich trieb. Angeblich hatte er an einem wissenschaftlichen Werk gearbeitet, was aber nie fertig geworden war. Als er starb, erbte die Gemeinde sein Haus mit allem Inventar. Lediglich die vielen Bücher und Manuskripte waren für eine Universität bestimmt. Aber dafür interessierte sich in Lüttelborn ohnehin niemand.

Schon bald war der Pfarrer mit dem Lehrer Dohler befreundet, und er kümmerte sich auch in geradezu rührender Weise um Bernhard, lud ihn oft zu sich ins Pfarrhaus ein oder spazierte mit ihm über die Felder und versuchte, sich in dem verwirrten Geist des jungen Mannes zurechtzufinden. Bei einem seiner Besuche im Pfarrhaus erzählte Bernhard auch von dem Brand des Gerätehauses und von der großen Spinne, die er am Morgen danach in den Trümmern gesehen haben wollte. Auch später habe er sie noch mehrmals auf den Feldern in der Umgebung des Dorfes bemerkt. Er beklagte sich bitter darüber, dass niemand ihm glauben wolle, noch nicht einmal sein Vater.

Obwohl dem Pfarrer die Sache ziemlich unglaubwürdig erschien, sprach er doch mit seinem Freund Dohler darüber. Der war erstaunt, weil sein Sohn immer noch behauptete, diese ungewöhnlich große Spinne gesehen zu haben.

Zusammen mit dem Lehrer versuchte der Pfarrer auch, die Lüttelborner Bürger für Dinge und Ereignisse außerhalb ihres Dorfes zu interessieren. So animierten sie die Leute, nicht nur die inzwischen schon recht zahlreich gewordenen sommerlichen Festspiele zu besuchen, die von Jahr zu Jahr in immer mehr Dörfern des Umlandes veranstaltet wurden, sondern sie organisierten auch von Zeit zu Zeit Ausflüge in die benachbarte Stadt, um dort Museen, Konzerte oder Theater zu besuchen. Aber die Resonanz war gering, und so gaben sie diese Bemühungen bald wieder auf.

Lediglich Georg Behringer, der junge Bürgermeister – er war gerade fünfunddreißig Jahre alt –, fuhr immer noch oft in die Stadt, worüber sich das ganze Dorf wunderte. Der Grund dafür war jedoch recht einfach: Er hatte sich in eine junge Sängerin verliebt. Sie war keine Solistin, nur ein Mitglied des Opernchores, aber für Georg der Inbegriff von Kultur. Er, ein Bauernbub, zwar sehr intelligent, aber mangels Gelegenheit weitgehend von dem so genannten »Kulturleben« unberührt, sah in seiner Freundin den Schlüssel zu einer geheimnisvollen Wunderwelt, nach der er sich insgeheim immer gesehnt hatte.

Das war natürlich nicht der einzige Grund für seine Zuneigung. Nein, er liebte Vera wirklich und war fest entschlossen sie zu heiraten. Vera hatte sich mit dem Gedanken, in Zukunft auf dem Dorf zu leben, schnell angefreundet. Sie war Realistin und wusste, dass ihre Möglichkeiten beim Theater sehr begrenzt waren. Das Leben einer Großbäuerin erschien ihr dagegen ganz passabel.

Georg hatte Vera in langen Gesprächen erklärt, warum ihre Verbindung vorerst im Dorf nicht bekannt werden dürfe. Eine »Städtische« als Frau eines Mannes aus Lüttelborn, und noch dazu des Bürgermeisters, das würden die guten Lüttelborner so schnell nicht begreifen können, da bedürfe es einer geschickten Vorbereitung. Wenn Vera darüber auch nicht gerade sehr glücklich war, so hatte sie doch für die Probleme Georgs Verständnis, war aber natürlich sehr begierig, endlich einmal Lüttelborn kennen zu lernen, das Dorf, in dem sie, zusammen mit Georg, ihr Leben verbringen wollte.

Eines Tages ergab es sich dann, dass Georg nach einem gemeinsamen Theaterbesuch den Vorschlag machte, ihr jetzt sein Dorf zu zeigen. Es sei zwar Nacht, aber der Vollmond würde genügend Licht geben und es sei außerdem auch noch sehr romantisch. Vera war sofort damit einverstanden.

Etwa eineinhalb Stunden später stiegen sie in Lüttelborn aus dem Auto. Georg führte Vera wie ein stolzer Fremdenführer durch sein Dorf, beschrieb ihr die einzelnen Höfe, nannte die Besitzer, sprach über die Größe der Anwesen, über den Viehbestand und vergaß dabei auch nicht zu erwähnen, dass sein Hof der größte und der schönste sei. Als Georg seiner Freundin das etwas außerhalb gelegene Gerätehaus der Feuerwehr und die daneben stehende Kirche zeigte – Vera wunderte sich über das gleiche Aussehen der beiden Gebäude –, erzählte er auch von dem Brand vor etlichen Jahren, wobei sein Bruder den Tod gefunden hatte. Sie war darüber sehr traurig und hatte nichts dagegen, den nahe gelegenen Friedhof zu besuchen, um das Grab Brunos zu sehen.

Obwohl Vera keine ängstliche Person war, empfand sie die Situation auf dem Friedhof als sehr unheimlich. Unwillkürlich verlangsamte sie ihre Schritte und schmiegte sich fester an Georg. Die schnell dahin ziehenden Wolken trieben Schatten über die Gräber und über die vom Wind bewegten Büsche und Bäume. Man hatte den Eindruck, als ob unheimliche Wesen mit ständig wechselnden Gestalten über den Friedhof huschten. Vera wurde zudem von Geräuschen erschreckt, die ihr unbekannt waren und die ihr Angst machten. Als dann auch noch eine Fledermaus ziemlich nahe an ihrem Kopf vorbei strich, schrie sie laut auf und presste ihren Kopf an Georgs Brust. Er versuchte sie zu beruhigen: »Es ist nicht mehr weit. Da vorne ist das Grab von Bruno«, sagte er leise. »Dort, wo die Birke steht.« Als sie jetzt angestrengt in diese Richtung blickten und langsam darauf zugingen, glaubten beide ihren Augen nicht mehr trauen zu können. Dort, wo Brunos Grab sein musste, sahen sie nur eine große, rechteckige, helle Fläche, die in dem unsteten Mondlicht zu leben schien. Sie war einmal grau, dann wieder weiß, mal stumpf, dann wieder silbrig strahlend. Voller Neugierde gingen sie langsam näher an das Grab heran; doch was sie dann sahen, war auch nicht geeignet sie zu beruhigen. Die silbrig-weiße Fläche bestand aus unzähligen Spinnengeweben, die Brunos Grab einhüllten. Es mussten mehrere Schichten sein, denn es war nichts, aber auch gar nichts mehr von dem Grab zu sehen. Kein Kreuz, keine Blumen, kein Grashälmchen. Alles war dicht eingesponnen. Georg löste sich von Vera, nahm einen kleinen Stock vom Boden und versuchte damit das Gewebe zu beseitigen. Aber es war eine fest verschlungene Masse, die sich kaum bewegen ließ.

Georg trat wieder von dem Grab zurück und stellte sich neben Vera. So standen sie eine ganze Weile still und nachdenklich vor Brunos Grab. Schließlich sagte Vera leise: »Was hat das zu bedeuten?«

»Ich weiß es auch nicht«, antwortete Georg. »Ich kann es mir nicht erklären.« Nach einer Weile fügte er hinzu: »Es sei denn …« Er redete nicht weiter.

Vera fragte ängstlich: »Was meinst du?«

»Es kann nicht sein«, wich er der Frage aus. »Es ist einfach unmöglich.«

»Was ist unmöglich?«

Während Georg noch überlegte, ob er Vera von der großen Spinne berichten sollte, die der Dumme Bernhard angeblich mehrmals gesehen haben wollte, wurde die Aufmerksamkeit der beiden auf Schritte gelenkt, die sich schnell näherten. Dem Geräusch nach zu urteilen, mussten es mehrere Leute sein, die sich ziemlich aufgeregt miteinander unterhielten. Bald konnte man die Stimmen erkennen: Es waren der Pfarrer Bodenlos, der Lehrer Dohler und der Dumme Bernhard, die jetzt auf den Weg traten, an dem Brunos Grab lag. Die Überraschung, sich hier zu begegnen, war beiderseits sehr groß. Dann erblickten die Ankommenden, denen man ansah, wie eilig und notdürftig sie sich angekleidet hatten, das eingesponnene Grab. Der Pfarrer sagte verwundert: »Es stimmt also doch!«

Der Dumme Bernhard versuchte zu erklären, was hier geschehen war. Da er aber, wie immer in solchen und ähnlichen Situationen, zu erregt war, um auch nur einen zusammenhängenden Satz herauszubringen, gebot sein Vater ihm zu schweigen, was er auch widerwillig tat. Der Lehrer berichtete nun selbst darüber, was er von seinem Sohn über dessen Erlebnisse hier an dieser Stelle erfahren hatte, denn Herr Dohler war wohl der Einzige, der den Sinn der scheinbar zusammenhanglos und nervös vorgebrachten Worte seines Sohnes verstehen konnte. Demnach war Bernhard, wie so oft in Vollmondnächten, in dieser Nacht draußen herumgelaufen und schließlich auch auf den Friedhof gekommen. Hier hatte er dann angeblich – wie der Lehrer sich vorsichtig ausdrückte – diese ungewöhnlich große Spinne gesehen. Eben dieselbe, die er seit dem Brand des Gerätehauses vor einigen Jahren immer wieder einmal in und um Lüttelborn bemerkt haben wollte. Und diese Spinne habe mit großem Fleiß das Grab Brunos eingesponnen!

»Mein Sohn glaubte nun eine Gelegenheit zu haben«, fuhr der Vater fort, »mir endlich einmal die ungewöhnliche Spinne zeigen zu können, die wohl, wie Bernhard meinte, diesen Ort nicht eher verlassen würde, bis sie ihre Arbeit beendet habe. Bernhard leidet nämlich darunter, dass keiner ihm glaubt und alle ihn auslachen, wenn er von der Spinne berichtet. Anstatt nun das Tier zu jagen, wie er es sonst immer tat«, sprach der Lehrer weiter, »ist er schnell zu mir nach Hause gelaufen, um mich zu wecken und zu bitten, mit ihm zum Friedhof zu gehen, wo die große Spinne am Werke sei. Gemeinsam haben wir dann noch den Pfarrer verständigt, weil ich gegebenenfalls einen Zeugen haben wollte.«

Nun war zwar ganz eindeutig mit dem Grab eine sonderbare Veränderung vorgegangen, und man konnte durchaus der Meinung sein, es handele sich dabei um Spinnengewebe, die das Grab bedeckten. Aber die Spinne, die dieses Werk nach Bernhards Berichten vollbracht haben sollte, war nicht mehr da. Bernhard war sehr enttäuscht. Er sprang auf das eingesponnen Grab und schrie: »Hier war sie! Hier! Hier! Hier!«

»Es ist schon gut«, sprach der Vater beruhigend auf ihn ein, ging auf seinen Sohn zu, reichte ihm die Hand und zog ihn sanft vom Grab herunter.

»Es ist also doch wahr«, sagte der Pfarrer. »Bernhard hat sie wohl tatsächlich gesehen.«

Der Lehrer dachte etwas nüchterner: »Wir wollen bitte keine voreiligen Schlüsse ziehen. Erstens haben wir keine Spinne gesehen und zweitens müssen wir morgen diese sonderbare Grabschändung – darum handelt es sich ja in jedem Fall – untersuchen beziehungsweise von Fachleuten untersuchen lassen. Bis dahin sollten wir uns, so denke ich, mit unseren Vermutungen doch sehr zurückhalten.«

Nun meldete sich Vera zu Wort, die bisher still und mit Erstaunen die Szene verfolgt hatte. »Was geht hier vor?«, fragte sie. »Von welcher ungewöhnlichen Spinne ist hier die Rede?«

Jetzt erst schienen die Hinzugekommenen die Frau zu bemerken, und sie blickten fragend auf Georg.

»Wer ist diese Frau?«, fragte der Pfarrer verwundert.

Georg räusperte sich und sagte: »Es ist zwar ein ungewöhnlicher Ort und eine ungewöhnliche Gelegenheit, aber die Ereignisse haben es nun einmal so gefügt. Herr Pfarrer, ich möchte Ihnen meine Verlobung mit Fräulein Untermeier bekannt geben. Wir wollen so bald wie möglich heiraten.«

Der Pfarrer war über diese unerwartete Mitteilung zwar etwas verwundert, nahm sie aber mit der für einen Seelsorger üblichen Gelassenheit entgegen und sagte lediglich: »Ich gratuliere auf das Herzlichste und werde diese Neuigkeit am nächsten Sonntag von der Kanzel verkünden.«

Georg wollte zuerst dagegen Einspruch anmelden, unterließ es dann aber, weil er zu Recht glaubte, seine Heiratspläne unter den gegebenen Umständen ohnehin dem Dorf nicht mehr länger verschweigen zu können.

Da die Sache nun, mehr oder weniger gegen Georgs Willen, so weit fortgeschritten war, sollten seine Eltern nicht erst in der Kirche von der Verlobung erfahren. Er bat darum den Pfarrer, mit ihm und Vera zusammen zu seinen Eltern zu gehen, um sie über seine Heiratspläne zu informieren. Durch die Anwesenheit des Pfarrers bei dieser heiklen Angelegenheit glaubte er die Situation etwas entschärfen zu können. Außerdem war ihm die frühe Morgenstunde für dieses Vorhaben ganz recht, da er um den verschlafenen Zustand seiner Eltern bei dem allmorgendlichen Frühstück wusste, welches auf dem Behringer-Hof bereits um sechs Uhr stattfand. Er konnte darum wohl annehmen, dass die ersten Reaktionen der beiden sehr reduziert ausfallen würden und das Schlimmste bereits überstanden sei, wenn die Eltern nach dem Frühstück und nach reichhaltigem Kaffeegenuss schließlich vollständig erwacht wären. Der Pfarrer war damit einverstanden, zumal er die gute Qualität eines behringerschen Frühstückes kannte.

Es wurde im Osten bereits hell, als sie den Friedhof verließen. Der Lehrer Dohler ging mit seinem enttäuschten Sohn nach Hause, und Georg machte sich mit Vera und dem Pfarrer auf den Weg zum Behringer-Hof. Das alles kam für Vera derart überraschend, dass sie zunächst gar nicht mehr daran dachte, von Georg Erklärungen über die recht sonderbaren Ereignisse an Brunos Grab zu fordern.

Das Frühstück bei Behringers gestaltete sich dann tatsächlich ganz nach Georgs Wünschen. Seine Eltern waren zwar sehr überrascht, weil sie von den Heiratsplänen ihres Sohnes bisher keine Ahnung hatten, aber die frühe Morgenstunde und die Anwesenheit des Pfarrers trugen dazu bei, keine unnötigen Härten aufkommen zu lassen, zumal auch Vera durch ihr sympathisches, bescheidenes und liebenswürdiges Verhalten auf die alten Leute einen recht guten Eindruck machte. Zur allgemeinen Überraschung spendierte Georgs Vater zum Schluss sogar noch einen Schnaps, was nun wirklich ein gutes Zeichen war.

6.

Die folgenden Wochen waren für Georg und für seine Braut sehr schwierig. Wie erwartet, wurde Georgs Brautwahl im Dorf heftig kritisiert. Eine »Städtische« als Frau des Bürgermeisters – wo sollte das noch hinführen?

Georgs Eltern jedoch verhielten sich in dieser kritischen Zeit überraschend neutral. Sei es nun, weil sie die Sinnlosigkeit eines Widerstandes eingesehen hatten, oder sei es, weil sie nach dem Tod ihres jüngsten Sohnes Bruno in jeder Beziehung sehr zurückhaltend geworden waren. Wahrscheinlich hatten sie aber an Vera auch nichts anderes auszusetzen, als dass sie aus der Stadt kam. Das war ihnen dann doch wohl für eine schroffe Ablehnung zu wenig. Jedenfalls machten sie ihrem Sohn keine Schwierigkeiten.

Das war für Georg sehr wichtig. Wenn er von seinen Eltern keinen ernsthaften Widerstand zu erwaten hatte, dann konnte er wohl mit allen anderen leicht fertig werden. Er ignorierte einfach die Meinung seiner Dörfler und richtete eine große Hochzeit aus. Als die Leute sahen, dass nun einmal nichts mehr zu ändern war, erlahmte auch ihre Opposition und die Behringer-Hochzeit wurde ein richtig schönes Dorffest.

Vera verhielt sich denn auch sehr geschickt. Sie war angenehm bescheiden, suchte Kontakt zu den anderen Frauen des Dorfes und bemühte sich erfolgreich, auch ja nicht den geringsten Anschein von Arroganz oder Überheblichkeit zu erwecken, was die Dorfbewohner wohl anfangs erwartet hatten. Schon bald hielt man sie zumindest für sehr sympathisch.

Wovon man im Dorf natürlich nichts wusste, waren die vielen Gespräche, die Georg mit seiner Frau über eventuelle Festspiele in Lüttelborn führte. Das hätten die Leute, wenigstens zum jetzigen Zeitpunkt, wohl noch nicht verstanden.

Wie nicht anders zu erwarten, war Vera von einer solchen Idee sofort begeistert. Schon vor ihrer Hochzeit hatten die beiden hin und wieder darüber gesprochen und das Für und Wider gegeneinander abgewogen. Das größte Problem war aber von Anfang an die Frage, welche Festspiele es denn wohl sein könnten. Fast alle Festspielideen waren schon »besetzt«, wie Vera es ausdrückte. Während Georg nur sehr vage Vorstellungen von Festspielveranstaltungen hatte, konnte Vera da schon mit einigem Fachwissen aufwarten. Schließlich war sie durch ihre langjährige Tätigkeit an der Oper mit etlichen Künstlern und Konzertagenten bekannt. Insgeheim hatte sie auch schon, ohne Georgs Wissen, ein paar Mal in der Stadt Gespräche mit Leuten geführt, die eventuell bei der Durchführung von Festspielen behilflich sein könnten.

Wenn Georg auch, wie gesagt, nicht sehr viel Ahnung von solchen Sachen hatte, so war ihm als Bürgermeister doch eines völlig klar: Wenn Lüttelborn nicht den Anschluss verlieren wollte, musste auf diesem Sektor etwas geschehen! Und zwar bald! Lüttelborn war inzwischen weit und breit die einzige Gemeinde ohne sommerliche Festspiele. Das konnte auf die Dauer nicht gut gehen.

Als die beiden eines Abends zusammensaßen und, wie so oft in letzter Zeit, über den Festspielgedanken sprachen, sagte Vera: »Wenn wir hier Festspiele veranstalten wollen, dann muss es etwas ganz Besonderes sein, etwas Einmaliges.«

»Das meine ich auch«, antwortete Georg. »Aber das ist erst meine zweite Sorge. Zuerst muss ich einen Weg finden, um das Dorf mit dem Festspielgedanken vertraut zu machen. Wie ich meine Leute kenne, ist das gar nicht so einfach.«

»Das kann ich mir vorstellen«, pflichtete Vera ihm bei. »Darum meine ich, wir müssen zuerst eine besondere, ja, eine ausgefallene Festspielidee haben, etwas absolut Neues, womit du deinen Gemeinderat so verblüffen kannst, dass die Leute, wie unter einem positiven Schock, deiner Meinung zustimmen.«

»Meine Lüttelborner kann man so leicht nicht schockieren. Erst recht nicht mit Festspielen, wofür sie sich im Grunde ja überhaupt nicht interessieren. Die haben ja noch nicht einmal die Festspiele hier in unserer nächsten Umgebung besucht, weil sie so etwas von vorneherein für Blödsinn halten.«

»Darum sage ich ja«, ließ Vera nicht locker, »es muss etwas total Ausgefallenes sein.«

»Und was zum Beispiel?«

»Mich hat da ein alter Freund, ein Dirigent, auf eine Idee gebracht.«

»Und welche Idee ist das?«

»Beethoven-Festspiele.«

Georg war enttäuscht. »Das ist doch nun wirklich nichts Originelles«, sagte er. »Es gibt Beethoven-Festspiele, es gibt Wagner-Festspiele, es gibt Mozart-Festspiele, es gibt Bruckner-Festspiele …«

»Und es gibt Opern-Festspiele«, setzte Vera die Litanei fort, »und Operetten-Festspiele und Theater-Festspiele und Dramatiker-Tage und Lyriker-Tage und und und.«

»Na also«, sagte Georg. »Was wollen wir da mit Beethoven-Festspielen?«

Vera setzte sich auf Georgs Schoß, umarmte ihn, gab ihm einen Kuss und sagte geheimnisvoll: »Es kommt darauf an, wie man so etwas macht.«

»Mein Schatz«, erwiderte Georg, »wenn man Beethoven-Festspiele veranstalten will, dann muss man Musik von Beethoven aufführen. Hab ich Recht?«

»Du hast Recht, mein kluger Bürgermeister.«

»Man hat natürlich viele Möglichkeiten, um so etwas zu machen«, sagte Georg etwas ironisch. »Man kann zum Beispiel mit einem Klavierabend beginnen oder mit einem Kammermusik-Konzert oder mit einem Sinfonie-Konzert. Man kann mit der ersten Sinfonie anfangen oder mit der zweiten Sinfonie. Man kann sogar eine Oper aufführen.« Er blickte seine Frau an und lachte. »Findest du das etwa originell? Ist das etwas ganz Besonderes?«

Sie schüttelte den Kopf. »Nein«, sagte sie, »das ist überhaupt nichts Besonderes. So wird es überall gemacht.«

»Siehst du.«

»Darum wollen wir so etwas ja auch nicht machen.«

»Und was wollen wir machen? Wollen wir vielleicht eine Beethoven-Sinfonie von hinten nach vorne spielen lassen?«

Beide lachten. »Das wäre gar nicht so schlecht«, meinte Vera. »Aber nun einmal ernsthaft. Wir werden alle Beethoven-Sinfonien gleichzeitig aufführen.«

Georg blickte Vera an, als ob er sie nicht richtig verstanden habe. »Was meinst du?«, fragte er ungläubig. »Alle Sinfonien gleichzeitig? Ja, wie viele sind es denn?«

»Neun.«

»So, auf einmal, an einem Ort, gleichzeitig, alle neun Sinfonien?«

»Ja.«

»Das kann doch nicht dein Ernst sein. Wer hat dich denn auf diese Idee gebracht?«

»Ich sagte es doch schon: ein Dirigent, mit dem ich oft zusammen gearbeitet habe.«

»Und der will hier bei uns alle neun Sinfonien …«

»Es war noch nicht die Rede davon, ob er oder ein anderer die Aufführung leiten soll. Vorerst ist lediglich die Idee da. Das muss jetzt im Detail ausgetüftelt werden.«

»Dann benötigen wir auch neun Orchester?«, fragte Georg.

»Ja«, entgegnete Vera. »Und einen Chor.«

»Auch einen Chor?«

»Und vier Solisten.«

»Welche Solisten?«

»Eine Sopranistin, eine Altistin, einen Tenor und einen Bassisten.«

»Das ist alles?«

»Und zehn Dirigenten.«

»Zehn Dirigenten?

»Ja.«

»Warum denn zehn Dirigenten?«

»Jedes der neun Orchester benötigt einen Dirigenten, und alle zusammen brauchen einen Hauptdirigenten, der sozusagen die Oberleitung hat.«

»Und zwanzig Sanitäter«, redete Georg etwas sarkastisch weiter, »und zehn Ärzte und einen Psychiater, den brauchen wir sofort, weil ich den Eindruck habe, dass wir dabei sind, total verrückt zu werden.«

Vera lachte laut, sprang übermütig von Georgs Schoß, fasste ihn bei den Händen und zog ihn zu sich hoch. »Vielleicht hast du Recht«, sagte sie. »Aber wir sind nur ein bisschen verrückt. Es wäre doch etwas völlig Neues, das musst du zugeben.«

»Das gebe ich zu«, sagte er mit erschöpfter Stimme. »Es wäre etwas völlig Neues. Und da nun schon so ziemlich alles geregelt ist, nur noch eine Kleinigkeit: Wo soll das Spektakel stattfinden?«

»Auf dem Kreuzberg«, antwortete Vera sofort.

»Auf dem Kreuzberg«, wiederholte Georg. »Im Freien also?«

»Nein«, widersprach Vera, »nicht im Freien. Dafür ist das Wetter bei uns viel zu unsicher.«

»Da bin ich aber beruhigt. Also auf dem Kreuzberg, aber nicht im Freien. Dass der Kreuzberg leider im Freien steht, das spielt dabei keine Rolle?«

»Nein«, sagte sie und lachte ihn verschmitzt an. »Das spielt dabei keine Rolle.« Und als Georg sie ganz verständnislos anblickte, ergänzte sie: »Wir können den Berg doch überdachen.«

»Den ganzen Kreuzberg?« Georg geriet fast in Panik, doch Vera sprach weiter, als wäre es das Selbstverständlichste von der Welt: »Hast du eine Ahnung, wie viel Platz neun große Orchester benötigen!«

Jetzt war Georg zuerst einmal total erledigt. Er bedeckte sein Gesicht mit beiden Händen und wankte zum Sofa in der Ecke, wo er sich total erschöpft hineinfallen ließ. Vera stand mitten im Zimmer und lachte.

7.

In diesen Tagen gab es im Pfarrhaus von Lüttelborn eine folgenschwere Neuigkeit. Zunächst schien es aber so, als ob es lediglich ein ganz normaler Personalwechsel sei.

Wie wir schon erfahren haben, war der Pfarrer Bodenlos schon bald in Lüttelborn sehr beliebt. Er war ein guter Hirte seiner Gemeinde. Des Pfarrers einziges Problem war seine Schwester, die als Pfarrhaushälterin mit ihm ins Dorf gekommen war. Anstatt sich im Laufe der Zeit in das dörfliche Leben zu integrieren, wurde ihr Verhältnis zu den Gemeindemitgliedern von Jahr zu Jahr unbefriedigender. Dabei war sie kein übler Mensch, aber, aus welchen Gründen auch immer, sehr verbittert und mit sich und mit allem unzufrieden.

Eines Tages zog sie sich eine Lungenentzündung zu und musste ins Krankenhaus. Schon bald wurde es klar, dass sie wohl nicht mehr ins Dorf zurückkehren könne. Bodenlos musste sich darum nach einer neuen Haushälterin umsehen. Das war gar nicht so einfach. Zum einen hatte er als junger Pfarrer – wir wissen, dass Lüttelborn seine erste Pfarrstelle war – überhaupt keine Erfahrungen mit Haushälterinnen, und zum andern war die Auswahl nicht groß. Eine Stelle als Pfarrhaushälterin in Lüttelborn war nun wirklich nicht sehr attraktiv. Es gehörte schon ein gerüttelt Maß an Idealismus dazu, um das Leben an diesem abgelegenen Ort zu verbringen. Dementsprechend waren denn auch die Bewerberinnen. Der Pfarrer fürchtete schon, überhaupt nichts Passendes zu finden.

Bis dann Arachne Lenzinger kam. Sie war eine stattliche Person. Rote, gelockte Haare, große, blaue Augen, etwa einsfünfundsechzig groß, mit einem imposanten Busen, der sich kaum unter dem weißen Brusteinsatz ihres grünen Dirndlkleides verstecken ließ, wodurch der Pfarrer in nicht geringe Entscheidungsschwierigkeiten geriet und gar nicht wusste, wohin er zuerst blicken sollte – in ihre schönen, viel versprechenden Augen, auf den üppigen Busen, der sich beim Atmen auf und nieder bewegte, oder auf die aufreizend übereinander geschlagenen Beine. Der Pfarrer war etwas verwirrt. Eine innere Stimme riet ihm, sich nicht mit dieser Frau einzulassen, die für die verantwortungs- und auch entsagungsvolle Tätigkeit einer Pfarrhaushälterin – alleine schon wegen ihrer körperlichen Vorzüge – wohl nicht geeignet sei. Er suchte nach Worten, um ihr das so schonend wie möglich beizubringen. Doch als er den Mund öffnete, um die sorgfältig ausgedachte Ablehnung zu verkünden, hörte er sich zu seiner Überraschung sagen: »Woher kommt eigentlich Ihr ungewöhnlicher Vorname?«

»Von mir«, antwortete sie.

»Von Ihnen?« fragte der Pfarrer verwundert. »Das verstehe ich nicht. Als Ihre Eltern den Namen für Sie bestimmten, waren Sie ja wohl noch nicht in der Lage, diese Wahl zu beeinflussen.«

»Das ist richtig«, gab Arachne zu. »Früher hieß ich auch einmal Agnes.«

»Also heißen Sie Agnes Lenzinger«, stellte der Pfarrer sachlich fest.

»Nein«, widersprach die Frau. »Seit längerer Zeit heiße ich Arachne Lenzinger. Ich habe meinen Vornamen geändert. Das heißt, ich habe ihn ändern lassen. Das war zwar nicht ganz einfach, aber schließlich ist es mir doch gelungen.«

»Warum taten Sie das?«, fragte der Pfarrer neugierig.

»Wegen der Spinnen«, antwortete sie.

»Wegen der Spinnen?« Der Pfarrer wunderte sich sehr. »Wieso wegen der Spinnen?«

»Kennen Sie sich in der griechischen Mythologie aus?«, fragte sie ihn.

»Nun, nicht besonders gut«, gestand der Pfarrer. »Nein, wirklich nicht. Ich hatte schon in der Schule Schwierigkeiten, die vielen Namen und die damit verbundenen Zusammenhänge zu begreifen.«

»Das geht den meisten so«, tröstete sie ihn. Dann erklärte sie: »Arachne war eine fleißige und sehr ehrgeizige lydische Weberin, die von sich behauptete, mit ihrer Kunst selbst die Göttin Athene überflügeln zu können. Während eines Wettstreites mit der Göttin war sie so hochmütig, dass sie sich erdreistete, die zwar bekannten, aber doch unter einem gewissen Tabu stehenden Liebschaften der Olympier in ihren Teppich einzuweben. Athene wurde daraufhin so zornig, dass sie Arachne mit der Lade des Webstuhls schlug. Daraufhin kam die Hochmütige wieder zur Besinnung, sah ihr Fehlverhalten ein und erhängte sich. Athene war jedoch damit noch nicht zufrieden. Sie verwandelte den Strick, mit dem die Konkurrentin sich erhängt hatte, in einen Spinnfaden und Arachne selbst in eine Spinne. Seitdem lebt sie nun am oder mit dem seidenen Faden.«

»Das ist ja eine schreckliche Geschichte«, sagte der Pfarrer und schüttelte sich.

»Lieben Sie keine Spinnen?«, fragte sie herausfordernd.

»Nun, ich meine ...« Der Pfarrer suchte nach Worten. »Ich meine, es sind schließlich auch Gottes Geschöpfe.«

»Sie mögen sie also nicht?«

»Das habe ich nicht gesagt, aber ...«

»Wenn Sie keine Spinnen lieben, kann ich bei Ihnen auch nicht arbeiten.« Sie erhob sich und wollte gehen.

»Was sie für eine schmale Taille hat«, dachte der Pfarrer. »Ich glaube, ich könnte sie mit meinen beiden Händen leicht umspannen. Wenn irgendwo der Begriff Wespentaille angebracht ist, dann hier.«

Der Pfarrer musste sich zwingen, jetzt nicht aufzuspringen und die Frau an sich zu drücken, ihre weiche Haut zu spüren, ihre Brüste zu berühren, und ... er erschrak über seine sündigen Gedanken, stand nun auch auf, ging einige Schritte auf die Frau zu und sagte: »Nein, warten Sie, bitte, warten Sie!«

Zaghaft nahm er ihre rechte Hand. Sie ließ es geschehen. Der Pfarrer glaubte einen heißen Strom zu spüren, der von ihrer Hand ausging und sich in seinem Körper ausbreitete. Alle Wünsche, die er bisher in seinem Pfarrerleben mit mehr oder weniger Erfolg unterdrückt hatte, alle Anfechtungen, denen ein gesunder, kräftiger und gut aussehender katholischer Priester ausgesetzt ist und wogegen er sich tapfer aber nicht immer erfolgreich gewehrt hatte, all das strudelte jetzt in seinem Leib und in seinem Kopf herum, und er ertappte sich dabei, wie er bereits für die nächste Beichte bei seinem Amtsbruder im Nachbardorf nach Formulierungen suchte. Das alles brachte ihn fast um den Verstand. Er glaubte, schwindelig zu werden. Sanft zog er Arachne zurück und bat sie, doch wieder Platz zu nehmen. Sie setzte sich auch ohne langes Zögern wieder auf ihren Stuhl.

Dann sprach sie sehr leise und sehr langsam weiter: »Ich habe nämlich eine Spinnensammlung.«

»Eine Spinnensammlung?« Der Pfarrer wurde plötzlich wieder ganz nüchtern und ging zurück auf seinen Platz hinter dem Schreibtisch.

Sie nickte bestätigend mit dem Kopf.

»Lebendige Spinnen?«, fragte er.

»Ja, lebendige Spinnen.« Arachne redete vergnügt weiter: »Viele süße, große und kleine, krabbelnde, kribbelnde und springende Geschöpfe Gottes, wie Sie vorhin richtig bemerkten.«

Der Pfarrer hatte Mühe sich zu beherrschen. Ungläubig und auch etwas ängstlich blickte er die Frau an. Sie hielt seinem Blick stand, versuchte sogar zu lächeln. Der Pfarrer schaute wie hypnotisiert in das schöne Gesicht Arachnes. Und doch – etwas störte ihn – die ebenmäßigen Züge verloren durch diese Andeutung eines Lächelns an Schönheit, etwas Unnatürliches glaubte er zu bemerken, ja, etwas Starres. »Ein Lächeln verschönt doch das Gesicht«, dachte er. »Warum ist es hier anders? Was stört mich?« Aber schon bald änderte sich das Gesicht der Frau wieder und strahlte ihn mit der gleichen ernsten und bezaubernden Schönheit an wie zuvor. Er wischte sich mit der Hand über die Augen als wolle er ein Trugbild verscheuchen. Diese Frau verwirrte ihn, und er zwang sich, die Unterhaltung so gelassen wie möglich fortzusetzen: »Wie viele kribbeln … oder krabbeln … ich meine … wie viele sind es … und wo … krabbeln und springen sie?«

»Es werden so an die hundert Tiere sein«, antwortete Arachne. »Sie leben in einer Art Käfig, aber aus Glas. Fast wie ein großes Aquarium, jedoch ohne Wasser.«

»Natürlich ohne Wasser«, sagte der Pfarrer.

»So natürlich ist das nicht«, erläuterte die Frau. »Es gibt auch Spinnen, die im Wasser leben. Aber die habe ich nicht.«

Bodenlos war immer noch verwirrt. Etwas geistesabwesend sagte er leise: »So, die haben Sie nicht. Und warum nicht?«

»Weil ich nicht gerne schwimme. Ich fühle mich auf dem Land wohler.«

»Sie fühlen sich auf dem Land wohler?« Der Pfarrer begriff im Moment gar nicht so richtig, worüber hier gesprochen wurde.

»Ja«, antwortete sie. »In meiner Familie hat es einmal – das ist allerdings schon sehr lange her – ein recht unangenehmes Ereignis im Zusammenhang mit Wasser gegeben. Darum hat sich wohl gegen dieses Element eine gewisse Abneigung vererbt.«

»Und was hat das mit den Spinnen zu tun?«

Sie wurde ein wenig verlegen. »Eigentlich nichts. Natürlich nichts.« Sie machte eine längere Pause. Dann redete sie weiter: »Es ist nur …« Sie blickte den Pfarrer an, als ob sie nicht sicher sei, es ihm sagen zu können. »Es ist nur«, begann sie wieder, »weil ich mich so gut in die Spinnen hineinversetzen kann, in ihr Leben, Denken und Fühlen.«

»Denken?«, fragte der Pfarrer. »Können Spinnen denn denken?«

»Aber natürlich«, sagte sie mit großer Überzeugung. »Sie denken zwar anders als wir Menschen, aber sie denken. Alle Tiere können denken.«

Nach einer längeren Zeit des Schweigens, in der es schien, als ob beide nun nicht mehr wüssten, wie sie die Unterhaltung fortführen sollten, fragte der Pfarrer schließlich: »Warum wollen Sie ausgerechnet Haushälterin in einem Pfarrhaus werden?«

»Ich möchte Pfarrhaushälterin in Lüttelborn werden«, antwortete Arachne, wobei sie das Wort Lüttelborn besonders betonte.

»Finden Sie, dass Lüttelborn ein so schöner Ort ist?«

»Jedenfalls ist er für mich sehr reizvoll«, sagte sie leise und blickte dabei zu Boden. Und nach einer kleinen Pause kaum hörbar, als ob sie zu sich selbst spräche: »Es gibt da gewisse Erinnerungen.«

»Erinnerungen?«, fragte der Pfarrer verständnislos.

»Ja … nein … das heißt …« Arachen wurde verlegen. Dann fasste sie sich wieder und sprach laut und forsch weiter: »Entschuldigen Sie, ich rede dummes Zeug. Der eigentliche Grund ist, weil ich denke, in einem Pfarrhaus Verständnis zu finden.«

»Verständnis wofür?«

»Für mein Leben, meine Wünsche – und Hoffnungen.«

»Und für Ihre Spinnensammlung?«

»Ja, auch für meine Spinnensammlung. Es gibt doch auch viele Pfarrer auf dem Land, die Bienen züchten.«

»Das stimmt«, musste der Pfarrer ihr beipflichten. »Mein Amtsbruder in Hörlingen zum Beispiel. Von ihm bekomme ich immer ganz köstlichen Honig.«

»Und da dachte ich, es wäre auch möglich, Spinnen …«

»Das ist nun doch etwas ganz anderes«, unterbrach der Pfarrer sie fast unhöflich.

Arachne nickte resignierend mit dem Kopf. »Ich dachte es mir«, sagte sie und erhob sich von ihrem Platz. Langsam ging sie zur Tür. Pfarrer Bodenlos starrte ihr nach, wie sie mit eleganten Bewegungen durch das Zimmer schritt, ja, fast schwebte, wie ihre roten, schulterlangen, gelockten Haare bei jeder Bewegung auf und ab federten, wie sie sich wie im Zeitlupentempo an der Tür noch einmal umdrehte und traurig sagte: »Schade, wir hätten uns sicher gut verstanden. Ich meine, wenn man von den Spinnen einmal absieht.« Und vieldeutig fügte sie hinzu: »Vielleicht sogar zu gut.« Sie lächelte geheimnisvoll.

Da war es wieder, das Verwirrende, Unnatürliche, das plötzlich ihr Gesicht beherrschte, wenn sie lächelte, oder besser, wenn sie versuchte zu lächeln. Doch ebenso plötzlich, wie er gekommen war, verging dieser Zustand wieder. Mit ihren großen, blauen Augen blickte sie den Pfarrer an. Fast willenlos stand Bodenlos auf und ging mit schnellen Schritten auf die Frau zu.

»Ich zeige Ihnen jetzt Ihr Zimmer«, sagte er, als ob sie sich bereits geeinigt hätten, »und auch den Raum, wo sie Ihre Spinnen unterbringen können.«

8.

Schon wenige Wochen nach Arachnes Einzug ins Pfarrhaus hatte sich das Leben des Pfarrers grundlegend geändert, wenn die Einwohner Lüttelborns davon zunächst auch noch nichts ahnten und lediglich die ungewöhnlich gute Laune des Pfarrers bemerkten.

Arachne hatte sich schnell im Pfarrhaus und in der Gemeinde eingelebt und war dem Pfarrer in jeder Beziehung eine große Hilfe. Nach der doch ziemlich mühevollen Zeit mit der Schwester des Pfarrers als Haushälterin herrschten jetzt fast paradiesische Zustände im Pfarrhaus, und Bodenlos genoss die neue, erfreuliche Situation in vollen Zügen.

Trotz der vielen Aufgaben, die sowohl der Pfarrer als auch seine Haushälterin zu erledigen hatten, blieb dennoch genügend Zeit, um auch das Privatleben zu pflegen und im Pfarrhaus eine sehr harmonische Beziehung zwischen dem Pfarrer und Arachne entstehen zu lassen. Sie saßen oft abends zusammen, redeten im wahrsten Sinne des Wortes über Gott und die Welt, machten bei gutem Wetter auch gemeinsame Spaziergänge und konnten es trotz großer Bemühungen, jedenfalls von Seiten des Pfarrers, nicht verhindern, dass Bodenlos die schon bei dem Vorstellungsgespräch vor einiger Zeit überlegten Formulierungen für die Beichte bei seinem Amtsbruder im Nachbardorf benutzen musste.

Am Abend eines schwül-warmen Sommertages machte der Pfarrer den Vorschlag, einen Spaziergang durch den »Großen Wald« zu machen. Arachne, die den »Großen Wald« bisher noch nicht kannte, war sofort damit einverstanden. Etwa eine halbe Stunde später – es war inzwischen dunkel geworden – verließen sie das Pfarrhaus und gingen durch die vom Vollmond beschienenen Straßen des Ortes hinaus in die Felder, bis sie den »Großen Wald« erreicht hatten. Der »Große Wald« hieß nicht nur so, er war auch sehr groß. Am Waldrand gab es noch Spazierwege, doch je tiefer man in das Gebiet eindrang, desto unwegsamer wurde es. Zwar waren auch dort noch einige, allerdings sehr verwachsene Pfade, die aber nur hin und wieder für die Holzabfuhr benutzt wurden. Wenn man tief genug hineinging, konnte man sicher sein, dort keine Menschenseele zu treffen.

Schweigend gingen sie nebeneinander her. Der Pfarrer legte zärtlich seinen Arm um Arachnes Schultern. Sie sah dankbar und glücklich zu ihm auf und schmiegte sich an ihn. Hin und wieder hörte man den Ruf einer Eule und auch das Rascheln anderer Waldtiere, die sich durch die Anwesenheit der beiden gestört fühlten und das Weite suchten. Unbekümmert schritten sie über einen Pfad, der kaum noch als solcher zu erkennen war. Für einen kurzen Moment hatte Arachne die Sorge, sie könnten sich in dem unwegsamen Wald verlaufen und den Heimweg nicht rechtzeitig finden; aber sie verscheuchte diese Zweifel, weil sie sich sagte, dass Bodenlos sich ganz sicher hier gut auskannte.

Dann erreichten sie eine kleine, grasbewachsene Lichtung. Arachne blieb stehen und zeigte auf eine Gruppe etwa eineinhalb Meter hoher Riesenschwingel. Zwischen den Halmen dieses stabilen Grases hatte eine Wespenspinne ihr senkrecht aufgehängtes Netz gesponnen. »Sieh doch nur das schöne Spinnennetz!«, sagte Arachne. Bodenlos blickte nun auch dorthin. Langsam gingen die beiden auf die Stelle zu, um dieses filigrane Kunstwerk aus der Nähe zu betrachten.

Dort geschah nun etwas Sonderbares, für uns Menschen schwer Verständliches, was aber Arachne in ganz besonderer Weise zu interessieren schien. In der Mitte des Netzes saß die etwa zwei Zentimeter große, gelb und schwarz quer gestreifte Spinne und vollführte ganz eigenartige Bewegungen. Man könnte es mit einiger Fantasie als Hüftschwingen bezeichnen. Zudem trommelte sie mit ihren Vorderbeinen gegen die Fäden des Netzes und brachte sie so in feine Schwingungen. Diese Aktivitäten galten einem kleinen, nur wenige Millimeter großen, unscheinbaren Lebewesen, welches am Rand des Netzes auf einem Verankerungsfaden saß und ganz offensichtlich durch das Gebaren der Spinne in große Aufregung versetzt wurde. Dieses kleine Kerlchen war das zu der Wespenspinne gehörende Männchen, das ganz offensichtlich bereit war, das deutliche Angebot des Weibchens anzunehmen. Erst recht, als die Wespenspinne durch ein geradezu provozierendes Aufbäumen ihres Körpers nicht nur ihre Wünsche zusätzlich deutlich machte, sondern ihrem Partner nun auch die Möglichkeit bot, hurtig unter ihren Bauch zu kriechen und dort auch bald das Ziel ihrer beider Wünsche zu erreichen. Kaum hatte der »Gatte« seine Pflicht erfüllt, änderte das Weibchen seine Einstellung zu ihm. Es begann nun, ihn rücksichtslos einzuspinnen, bis er bald wie eine eingewickelte Fliege im Netz hing und nun genüsslich von der Dame verspeist wurde.

Hatte Arachne dieses schaurig-schöne Schauspiel zunächst lediglich fasziniert betrachtet, so geriet sie bald in einen Zustand zunehmender Erregung.

Der Pfarrer hingegen fühlte sich durch die grausame Spinnenhochzeit eher abgestoßen und konnte zunächst das seltsame Verhalten Arachnes, das er wohl bemerkte, nicht verstehen. Arachne hingegen konnte sich kaum noch beherrschen. Schließlich erlahmte ihr Widerstand und sie gab sich dem Aufruhr ihrer Gefühle hin, umschlang mit ihren Armen den Körper des Pfarrers, drückte ihn fest an sich und küsste ihn leidenschaftlich und voller Begierde. Wenn der Pfarrer auch in den Aktivitäten der Spinnen keine erotische Komponente erkennen konnte, so ließ er sich doch gerne durch das Verhalten Arachnes zu einer heftigen Erwiderung des nun immer erregter werdenden Liebesspiels animieren. Bald entkleideten sie sich gegenseitig und standen nun nackt voreinander. Arachne verkrallte sich mit ihren Händen in des Pfarrers Schultern, zog ihn zu sich heran und wollte ihn zu Boden zwingen. Der Pfarrer befreite sich trotz ihrer heftigen Gegenwehr und lief einige Schritte davon. Arachne, zunächst verdutzt über die Abwehrreaktion des Pfarrers, fasste sich aber schnell und wollte sich erneut auf ihn stürzen. Er ließ sie nahe an sich herankommen, bevor er wieder davonlief. Sie stieß einen zornigen Schrei aus, lief wieder hinter ihm her, jedoch auch jetzt ohne Erfolg.

Die spielerische Jagd dauerte lange. Beide gerieten dabei zunehmend in einen Rausch, in einen Taumel der Sinne. Endlich blieb Bodenlos, scheinbar erschöpft, stehen, und auch die Frau hielt in ihrem Lauf inne und stand nun da wie eine Löwin, die vor dem entscheidenden, tödlichen Sprung ihr Opfer belauert.

Das kalte, silbrige Mondlicht schien ihren Körper mit einem hauchdünnen Gewebe der edelsten Art zu umhüllen. Bodenlos war von diesem Anblick verzaubert. Er hatte keinen größeren Wunsch, als diese Frau, die sich ihm in einer natürlichen, geradezu animalischen Pracht darbot, zu berühren, doch eine unerklärliche Macht hinderte ihn noch daran. So stand er da, den Blick voller Erwartung auf die Frau gerichtet, nach der all sein Verlangen gierte, die sein Leben völlig verändert hatte, die ihn Tabus vergessen ließ, die ihn aber auch durch ihr heutiges Verhalten verwirrte und in ihm eine bisher nicht gekannte, sonderbare Angst vor etwas Unerklärlichem aufkommen ließ.

Doch dieser Zustand dauerte nicht lange. Nun war es Bodenlos, der die Initiative ergriff, die Frau in seine Arme nahm, sie streichelte und küsste und sich zu immer neuen und heftigeren Liebesbezeigungen hinreißen ließ.

Bald tobten sie auf der bloßen Erde, bemerkten nicht die Unebenheiten des Bodens, fühlten keine Steine und keine Äste. Sie küssten und bissen, streichelten und schlugen sich und beide waren voneinander berauscht, jede Kontrolle war ihnen abhanden gekommen. Sie kämpften und liebten wie zwei wilde Tiere, bis sie irgendwo im Gras und zwischen Büschen erschöpft zur Ruhe kamen und einschliefen.

9.

Als sie erwachten, dämmerte bereits der Morgen. Der Pfarrer machte Anstalten, die Liebesspiele der vergangenen Nacht fortzusetzen. Arachne dämpfte mit sanfter Gewalt sein Verlangen und sagte: »Es wird Zeit. Wir müssen ins Dorf zurück, solange die Leute noch schlafen.«

Bodenlos nickte mit dem Kopf. »Du hast Recht«, lenkte er ein. »Ich werde unsere Kleider holen.« Er erhob sich und ging dorthin, wo sie einige Stunden vorher die Spinnenhochzeit beobachtet hatten.

Es dauerte nicht lange, da kam er ganz aufgeregt zurück. »Unsere Sachen sind fort!«, schrie er fast. »Nichts ist mehr da, kein einziges Kleidungsstück. Alles verschwunden. Einfach weg!«

»Das ist doch nicht möglich«, sagte sie ungläubig. »Hast du auch an der richtigen Stelle gesucht?«

»Ganz gewiss. Das Spinnennetz mit dem armen, kleinen, eingewickelten Hochzeiter ist noch da. Ein Irrtum ist ganz ausgeschlossen.«

Sie glaubte ihm nicht. Gemeinsam gingen sie noch einmal zu der Stelle und suchten verzweifelt; aber schon bald musste auch sie einsehen, dass Bodenlos sich nicht geirrt hatte.

»Da ist wahrscheinlich ein Landstreicher zufällig hier gewesen«, sagte Arachne, »dem unsere Kleider eine willkommene Beute waren.«

»Ja«, sagte der Pfarrer, »so muss es wohl sein.« Und nach einer Weile: »Was machen wir jetzt?«

Es war eine fatale Situation. Sie konnten doch nicht am hellen Tag splitternackt über die Felder und durch das Dorf laufen. Der Pfarrer war verzweifelt.

Nicht so Arachne. Sie setzte sich auf einen Baumstumpf, umschlang ihre Knie mit den Händen und schloss die Augen.

Der Pfarrer wurde immer aufgeregter: »Begreifst du unsere schlimme Situation nicht?«

»Doch«, sagte sie leise, als ob sie das alles nicht so sehr interessierte.

»Was sollen wir jetzt tun? Weißt du einen Ausweg?«

»Ja«, sagte Arachne.

Der Pfarrer glaubte nicht richtig verstanden zu haben. »Ich habe dich gefragt, ob du einen Ausweg weißt.«

»Ich habe dich verstanden.« Sie öffnete die Augen, blickte den Pfarrer an und sagte: »Ja, ich weiß einen Ausweg.« Der Pfarrer schüttelte nur ungläubig und verständnislos den Kopf. Nach einer kurzen Pause sprach Arachne dann leise weiter: »Aber damit ist es nicht getan. Unsere Lage ist noch viel kritischer, als du denkst.«

»Was heiß denn das nun wieder?«

»Ich weiß zwar wie wir, ohne Aufsehen zu erregen, wieder nach Hause kommen können«, erklärte sie, »aber ich weiß nicht, wie es danach mit uns weitergehen soll.«

»Ich verstehe dich nicht.«

Arachne erhob sich nun und umschlang zärtlich den Hals des Pfarrers. »Ich möchte dich nicht verlieren«, flüsterte sie ihm ins Ohr.

»Warum befürchtest du, mich zu verlieren?«

»Ich muss dir etwas erklären.« Arachne nahm ihn bei der Hand und gemeinsam setzten sie sich auf den Baumstumpf. »Kannst du dich noch an unser erstes Gespräch erinnern?«, fragte sie ihn.

»Du meinst, als du dich bei mir vorgestellt hast?«

»Ja, das meine ich.«

»Ich kann mich gut daran erinnern.«

»Damals war ich nicht ganz ehrlich zu dir.«

»Warum nicht?«

»Ich sagte, dass ich mich sehr für Spinnen interessiere.«

»Das stimmt doch auch.«

»Und dass ich mich sehr gut in die Spinnen hineinversetzen kann, in ihr Leben, Denken und Fühlen.«

»Ja, das sagtest du.«

»Und du hast mich ganz verwundert gefragt: ›Können Spinnen denn denken?‹«

»Das ist richtig. Ich glaube auch heute noch nicht, dass Spinnen denken können. Aber müssen wir uns ausgerechnet jetzt darüber unterhalten? Wir haben doch gewiss wichtigere Probleme.«

Der Pfarrer stand auf, ging ein paar Meter, drehte sich dann wieder Arachne zu und sagte: »Sei mir bitte nicht böse, aber ich verstehe unser Gespräch nicht. Ich verstehe vor allem nicht, was es mit unserer augenblicklichen Lage zu tun hat.«

»Ich habe dir etwas Wichtiges verschwiegen«, gestand Arachne. Sie hatte sich nun auch erhoben. Ihr Gesichtsausdruck, ja ihr ganzes Wesen hatte sich plötzlich stark verändert. Bodenlos bemerkte es zwar, konnte es sich aber nicht erklären. Dann hob Arachne ihren rechten Arm und deutete damit auf den Pfarrer. »Versprich mir«, sagte sie streng und fordernd, »dich jetzt nicht von der Stelle zu bewegen. Ganz gleich, was auch geschehen wird!«

»Was soll denn das?«, fragte der Pfarrer verständnislos. »Was hat das alles für einen Sinn?«

»Es dauert nur wenige Minuten«, erklärte Arachne, »ganz bestimmt nur wenige Minuten; aber während dieser Zeit darfst du deinen Platz nicht verlassen!«

»Nun gut«, lenkte der Pfarrer ein.

»Du versprichst es mir?«

»Ja«, sagte der Pfarrer ungehalten. »Ja, ich werde mich nicht von der Stelle rühren.«

Nun erst ließ Arachne ihren ausgestreckten Arm sinken. Den Blick immer noch streng und starr auf Bodenlos gerichtet, kniete sie sich auf den Baumstumpf, beugte ihren Oberkörper nach vorne und stützte sich mit den Händen auf. So saß sie da und starrte den Pfarrer an. »Ich kann mich auch wirklich auf dich verlassen?«, fragte sie noch einmal. »Du läufst nicht davon?«

»Du kannst dich darauf verlassen«, antwortete der Pfarrer ungeduldig, dem die ganze Sache jetzt schon etwas lächerlich vorkam. Doch was er dann sah, erschütterte ihn zutiefst! Zunächst traute er seinen Augen nicht, aber schon bald gab es keinen Zweifel mehr – die Hautfarbe Arachnes veränderte sich. Das samtige, gesunde Rosa verblasste, zunächst kaum merklich, doch dann immer schneller und hatte bald einen Farbton erreicht, der zwischen dunklem Braun und intensivem Grau lag. Nun verwandelte sich auch Arachnes Figur. Zunächst bemerkte der Pfarrer, wie sie langsam kleiner wurde, wie die Haut dabei zunehmend verschrumpelte. Dann überzog ein flaumiger Pelz ihren ganzen Körper. Arme und Beine waren inzwischen so dünn geworden, dass sie gar keine Ähnlichkeit mehr mit menschlichen Gliedmaßen hatten. Der Hals verschwand vollends und der immer kleiner werdende Kopf saß nun direkt auf den Schultern, die aber schon bald nicht mehr als solche zu erkennen waren, weil sie sich mit dem übrigen Körper zu einem ovalen Rumpf verformten. Dann musste er beobachten, wie dort, wo man ihren Busen vermuten konnte, ein weiteres Paar dünner, gliedriger Beine hervorwuchs. Kurz danach geschah oberhalb der ehemaligen Hüften dasselbe. Während nun der gesamte Körper immer mehr zusammenschrumpfte, blieben die Beine verhältnismäßig lang. Es dauerte kaum eine oder zwei Minuten, da saß eine ungewöhnlich große Spinne vor ihm. Sie streckte die Beine, wobei sich ihr Körper so hoch wie möglich erhob, stakste dann, zunächst noch etwas ungeschickt und holperig, von dem Baumstumpf hinunter, lief, immer schneller werdend, auf den Pfarrer zu, der sich tatsächlich nicht von der Stelle gerührt hatte – und das wohl auch ohne das ausdrückliche Versprechen gar nicht gekonnt hätte, da er regelrecht schockiert war –, umkreiste in schnellem Lauf ein paar Mal die Beine des Pfarrers, bevor sie wieder auf den Baumstumpf zurückkletterte.

Bodenlos musste unwillkürlich an die Erzählungen des Dummen Bernhard denken, der seit dem Brand des Gerätehauses der Feuerwehr vor etlichen Jahren immer wieder einmal eine solche Spinne gesehen haben wollte.

Ehe der Pfarrer noch lange darüber nachdenken konnte, begann die Spinne auf dem Baumstumpf mit ihrer Rückverwandlung. Es geschah die eben erlebte Prozedur nun in umgekehrter Reihenfolge: Während sich der ganze Körper langsam, aber stetig vergrößerte, wurden die Beine wieder rundlicher, man konnte Arme erkennen, und zwei Beinpaare zogen sich ganz in den immer größer werdenden Rumpf zurück, der sich mehr und mehr streckte und schon bald wieder menschliche Formen annahm. Der Hals schob sich heraus, Taille, Hüften und Brüste wurden sichtbar, der haarige Pelz verschwand und es kam Arachnes samtige Haut zum Vorschein, deren Farbe sich auch wieder zu ihrem ursprünglichen Aussehen zurückentwickelte. Schließlich erschien auch wieder das schöne Gesicht der Frau. Kaum hatte der Pfarrer das Unglaubliche begriffen, da kniete Arachne wieder auf dem Baumstumpf wie vor ihrer Verwandlung. Sie lächelte den Pfarrer an, stand auf, streckte sich, sprang etwas übermütig auf die Erde hinunter und lief auf Bodenlos zu, der allerdings in einer unbewussten Reaktion ein paar Schritte zurückwich.

Arachne lachte und sagte: »Was ist denn? Hast du Angst vor mir?«

»Nein«, sagte der Pfarrer. »Nein, das nicht, aber was habe ich hier gesehen?« Pfarrer Bodenlos war völlig verwirrt. Kaum konnte er seine Stimme unter Kontrolle halten. Seine Worte waren zum Teil geflüstert, dann fast unartikuliert gekrächzt, in unterschiedlicher Lautstärke. Es war mehr ein Röcheln denn ein Sprechen.

»Du hast etwas ganz Natürliches gesehen«, versuchte Arachne ihn zu beruhigen. Sie ging zu ihm, und er ließ sie jetzt zu sich herankommen. »Etwas ganz Natürliches«, wiederholte sie, »wenn auch etwas sehr Seltenes.« Sie erfasste sanft seinen Arm und führte ihn zu dem Baumstumpf. Etwas zögernd folgte der Pfarrer ihr und sie setzten sich.

»Wie ist denn … so etwas … möglich«, stotterte Bodenlos. »Das gibt es … nein … das gibt es doch nicht … das darf es … es darf so etwas … darf es nicht geben … das kann … das kann es nicht geben. Ist das Zauberei? Ein Trick? Hast du mich … hast du … mich verhext?« Und plötzlich sehr laut: »Wer bist du!?«

»Nun beruhige dich. Nicht alles, was du nicht verstehst, ist Zauberei. Ich sagte doch schon: Du hast etwas ganz Natürliches gesehen, wenn auch nicht etwas Alltägliches.«

»Etwas Natürliches nennst du das?«

»Ja. Für mich und meinesgleichen ist es etwas ganz Natürliches.«

»Für dich und deinesgleichen? Ja, gibt es denn mehr Menschen …«

»Frauen«, unterbrach Arachne ihn.

»Frauen?«, fragte der Pfarrer. »Nur Frauen?«

»Ja«, antwortete sie, »nur Frauen. Es sind nur Frauen, die so etwas können.«

Bodenlos saß da, jämmerlich zusammengesunken, mit gebeugtem Rücken, die Ellenbogen auf den Knien und den Kopf mit den Händen abgestützt. Wirre und furchtbare Gedanken quälten ihn. Es dauerte ziemlich lange bis er fragen konnte: »Seit wann beherrschst du diese … diese Fähigkeit?«

»Von meiner frühesten Kindheit an«, antwortete sie leichthin. »Aber bevor ich dir jetzt hier lang und breit die Zusammenhänge erkläre, sollten wir lieber dafür sorgen …«

»Halt!«, unterbrach der Pfarrer sie streng und sprang auf. Er hatte sich plötzlich wieder in der Gewalt und seine Stimme war laut und fest: »So kannst du mich hier nicht im Ungewissen lassen. Du hast offenbar gar keine Vorstellung davon, wie ungeheuerlich diese Verwandlung für mich war. Ich weiß nicht, ob ich das wirklich gesehen habe? Ich zweifle an meinem Verstand, ja, an meiner ganzen Existenz. Bin ich überhaupt noch da? Wo bin ich? Was bin ich? Träume ich? Bin ich gar wahnsinnig? Bin ich schon tot? Ist das hier die Hölle? Oder das Fegefeuer? Und du? Bist du ein Engel? Ein gefallener Engel? Die Magd des Teufels? Sag, wer bist du!?« Er hatte mit starker Erregung und zunehmender Lautstärke gesprochen.

Arachne stand nun auch auf und nahm den Pfarrer in ihre Arme. Wie eine Mutter ihr verzweifeltes Kind so drückte sie ihn an ihre Brust und streichelte zärtlich über seinen Kopf. Ganz sanft sprach sie zu ihm: »Nun beruhige dich. Du bist der Pfarrer Bodenlos und ich bin Arachne Lenzinger. Wir sind weder in der Hölle noch im Fegefeuer und wir sind auch noch sehr lebendig und leben in Lüttelborn.«

»Ich verstehe das alles nicht«, sagte Bodenlos leise. »Ich begreife es wirklich nicht.«

Sie setzten sich wieder hin. Der Pfarrer hatte sich jetzt etwas beruhigt. Nach einiger Zeit fragte er: »Es gibt noch mehr Frauen, die so etwas können?«

»Ja.«

»Wie viele?«

»Das weiß ich nicht.«

»Und wo leben die?«

»Überall auf der Welt.«

Der Pfarrer schwieg nun. Man merkte deutlich, dass er der Situation nicht gewachsen war. Arachne nahm wieder seine Hand. So saßen sie ziemlich lange ohne zu sprechen. Schließlich sagte Arachne: »Es begann kurz vor der Sintflut.«

Bodenlos schrak auf. »Was hat denn das alles mit der Sintflut zu tun?«

Anstatt darauf zu antworten, stellte Arachne eine überraschende Gegenfrage: »Was hältst du von den Prostituierten?«

Der Pfarrer schien das Sonderbare der Frage in dieser Situation gar nicht zu bemerken, so verwirrt war er. »Es sind Sünderinnen«, sagte er gleichmütig, als ob es ihn kaum interessierte. »Es sind Sünderinnen, aber auch sie werden vor Gott Gnade finden.«

»Das erleichtert die Sache«, sagte Arachne zufrieden. »Du kennst doch die Geschichte von der Sintflut und der Arche Noah«, redete sie weiter.

»Selbstverständlich«, antwortete Bodenlos. »Erstes Buch Moses, sechstes Kapitel.«

»Ganz richtig«, bestätigte Arachne, »aber in eurer Bibel steht nicht die ganze Wahrheit.«

»Was soll das heißen?«, empörte sich der Pfarrer. »Selbstverständlich steht in der Bibel die Wahrheit.«

»Sagen wir es so: Was in der Bibel steht, ist natürlich die Wahrheit, aber es fehlt etwas. Es ist eben nicht die ganze Wahrheit.«

»Es fehlt etwas?«, fragte der Pfarrer ungläubig.

»Ja, es fehlt etwas. Und zwar die Geschichte von Sarah.«

»Wer war in diesem Zusammenhang denn Sarah?« Bodenlos blickte Arachne verständnislos an.

»Sarah war«, versuchte sie zu erklären, »nun ja … wie soll ich es sagen … Sarah hatte Sem, Ham und Japhet …«

»Redest du von den Söhnen Noahs?«

»Ganz recht.« Arachne nickte mit dem Kopf. Dann berichtete sie ihm die im Prolog dieses Buchs geschilderte Geschichte von der Arche Noah und wie Gott Sarah gerettet hatte.

Der Pfarrer wurde unruhig und fragte: »Das heißt, Sarah war eine …«

»Eine gute Frau«, vollendete Arachne den Satz. »Es war sehr ungerecht von Noah und seiner Familie, sie wegen ihres Lebenswandels nicht in die Arche zu lassen.«

»Was ich verstehen kann«, empörte sich Bodenlos.

»Vorhin hast du gesagt, auch solche Frauen würden vor Gott Gnade finden«, rügte sie den Pfarrer.

Als er daraufhin nichts erwiderte, redete Arachne weiter: »Aber Gott gab Sarah nicht nur die Fähigkeit, sich in eine Spinne zu verwandeln, sondern verfügte auch, dass alle erstgeborenen weiblichen Nachkommen dieser Sarah über die gleiche Fähigkeit verfügen sollen. Das gilt bis auf den heutigen Tag.«

»Und du bist eine davon?«

»Ja, ich bin eine davon.«

Nun schwiegen beide. Der Pfarrer war von dem, was er hier erlebt und gehört hatte, doch mehr betroffen, als er sich eingestehen wollte. Er benötigte eine ganze Weile, bis er sich so weit gefangen hatte, um mit seinen Gedanken zu den aktuellen Problemen zurückkehren zu können. »Wir sollten jetzt nach Hause gehen«, sagte er und setzte dann gleich hinzu: »Aber wie?«

»Ganz einfach«, antwortete Arachne. »Ich verwandele mich wieder und laufe als Spinne nach Hause. Dort werde ich Menschengestalt annehmen, in ein Kleid schlüpfen und so schnell wie möglich hierher zurückkommen und dir einen Anzug mitbringen. Dann kleidest du dich an und wir gehen ins Pfarrhaus, als ob wir nur einen Morgenspaziergang gemacht hätten.«

»Das ist gut«, sagte der Pfarrer erfreut.

»Dann wollen wir gleich mit der Prozedur beginnen. Du

versteckst dich hier im Wald, und in gut einer Stunde bin ich zurück.«

Diesmal sah der Pfarrer der Verwandlung schon etwas gelassener zu, wenn die ganze Sache ihm auch immer noch recht unheimlich vorkam. Als er dann sah, wie die große Spinne über den Waldboden lief, nach einigen Metern noch einmal kurz anhielt, sich umdrehte und mit ihren Vorderbeinen wie zum Abschied winkte, bevor sie endgültig in Richtung des Dorfes verschwand, da war der Pfarrer sowohl erleichtert als auch verwirrt. Er ging noch ein Stück in den Wald hinein, bis er eine geeignete Stelle gefunden hatte, wo er sich zwischen dichtem Gebüsch hinsetzte und versuchte, seine Gedanken zu ordnen.

10.

Nachdem die Spinne Arachne sich von dem Pfarrer verabschiedet hatte, lief sie unverdrossen ihrem Ziel entgegen. Es war gar nicht einfach, so dicht am Boden den rechten Weg zu finden. Ein kleiner Graben neben einem Feldweg war für die Spinne ein Hindernis, wie es eine tiefe Felsschlucht für einen Menschen ist, und ein Kornfeld stellte sich fast wie ein undurchdringlicher Wald dar. Als sie auf einen nur etwa zwei Meter hohen Erdhügel kletterte, um sich einen besseren Überblick zu verschaffen, war das eine so große Anstrengung, als ob sie als Mensch einen hohen Gebirgsgipfel erklimmen würde. Aber sie schaffte es. Sie war auf dem rechten Weg.

Dann ereignete sich etwas Unvorhergesehenes. Bernhard, der geistesschwache Sohn des Lehrers, der sich gerne in den Nächten, besonders bei Vollmond, draußen herumtrieb, war auch an diesem frühen Morgen noch unterwegs. Er war in der Nacht stundenlang über die Felder und durch den »Großen Wald« gelaufen, hatte den Mond und die Sterne beobachtet und mit seinem neuen Schnitzmesser, das der Vater ihm vor kurzem zum Geburtstag geschenkt hatte, sinnlos Äste von den Bäumen geschnitten, hatte auch damit nach Baumstämmen geworfen und war entzückt, wenn das Messer, hin- und hervibrierend, darin stecken blieb.

Dann sah er plötzlich einige Kleidungsstücke, die zerstreut zwischen den Bäumen auf dem Boden lagen. Er sammelte sie ein, faltete sie sorgfältig zusammen und ging dann mit seiner Beute weiter.

Als er aus dem Wald hinausgetreten war, legte er das Kleiderbündel auf den Boden neben einem Feldweg, setzte sich darauf und begann an einem Ast zu schnitzen. Er interessierte sich eigentlich gar nicht für diese Arbeit und hatte auch keinerlei Begabung für Holzschnitzerei, doch das Messer faszinierte ihn. Er freute sich wie ein kleines Kind, wenn er mit nur geringer Anstrengung Holzspäne abschneiden konnte.

Plötzlich wurde er durch ein Rascheln erschreckt. Er horchte angestrengt. Doch dann war wieder alles ruhig. Als er jedoch aufstand und langsam einige Schritte in die Richtung ging, aus der das Geräusch gekommen war, sah er sie! Da war sie wieder. Groß und grau. Mit acht langen Beinen lief sie davon, diese riesengroße Spinne, an deren Existenz niemand glauben wollte. Aber sie war da, er hatte sie gesehen, mehrmals! Immer wenn er davon erzählte, wurde er ausgelacht. Sogar sein Vater und der Pfarrer sahen ihn dann nur mitleidig an und versuchten ihn zu beruhigen, wenn er sich über den Spott der Leute aufregte.

Er musste sich anstrengen, um der Spinne folgen zu können. Immer mehr beschleunigte sie ihr Tempo. Er konnte zwar ebenso schnell rennen wie das Tier, aber nicht schnell genug, um sie einzuholen. Sie liefen durch einen Hohlweg. Rechts und links war die Böschung ziemlich steil. Die Spinne versuchte erst gar nicht, dort hinaufzuklettern.

Bernhard wurde immer zorniger. Als schließlich seine Kräfte nachließen, während die Spinne noch mit dem gleichen, hurtigen Tempo weiterlief, nahm er sein Messer und warf es mit großer Wucht nach dem Tier. Das Messer traf die Spinne so unglücklich, dass ihr rechtes Vorderbein abgetrennt wurde.

Bernhard stand jetzt still aber sehr gespannt da und beobachtete sein Opfer. Zunächst bemerkte er die Verletzung noch gar nicht. Erst als die Spinne mühsamer als zuvor und sehr unbeholfen weiterlief, sah er den Erfolg seiner Messerwerferei.

Ziemlich erschöpft ging er jetzt langsam zu der Stelle, wo er die Spinne getroffen hatte und sah das abgetrennte Spinnenbein. Achtlos trat er es mit den Füßen in das Gras am Wegesrand und nahm das Messer wieder an sich. Obwohl die Spinne wegen ihrer Behinderung nur wenige Meter vorangekommen war und es für Bernhard nun ein Leichtes gewesen wäre sie zu fangen oder gar zu töten, kümmerte er sich nicht mehr darum. Er hatte das Interesse verloren. Auch nahm er sich vor, diesmal nichts von der Spinne im Dorf zu erzählen. Man würde ihm ja doch wieder nicht glauben.

Er ging zurück zu dem Platz, wo er die gefundenen Kleider abgelegt hatte und betrachtete sie lange und nachdenklich. Wer weiß, was er mit seinem beschränkten und verwirrten Geist dachte. Jedenfalls nahm er die Kleider wieder an sich und ging damit zurück in den Wald, um sie etwa an der gleichen Stelle, wo er sie gefunden hatte, wieder auf den Boden zu legen. Er verweilte noch eine kurze Zeit, lief sinnend hin und her, als denke er darüber nach, ob er seinen Fund nicht doch mit nach Hause nehmen sollte. Schließlich ging er aber ohne die Kleidungsstücke weiter.

Die Spinne Arachne wunderte sich darüber, dass sie keine Schmerzen spürte. Es hatte lediglich ein wenig gezwickt, als sich das Messer, nur wenige Millimeter vor ihrem Kopf, schräg in den Erdboden gerammt hatte. Ihr erster Gedanke war, dass der Verfolger sie nun gewiss bald einholen würde, denn mit nur sieben Beinen kam der normale Schrittrhythmus durcheinander. Zunächst stolperte sie denn auch wie ein neugeborenes Lamm, das die ersten, unsicheren Gehversuche macht. Sie musste sich sehr konzentrieren, um die sieben Beine so zu bewegen, dass sie sich nicht gegenseitig behinderten. Bald konnte sie aber wieder ganz vernünftig laufen, wenn auch längst nicht so geschickt wie vor der Verletzung. Als sie das Pfarrhaus erreichte, gelang es ihr sogar, die Hauswand emporzuklettern und durch ein zum Glück offen stehendes Fenster ins Haus zu gelangen. Es war das Studierzimmer des Pfarrers, in das sie eingestiegen war.

Als sie dort auf dem Fußboden saß, verschnaufte sie zunächst ein paar Minuten. Der lange Marsch, vor allem die letzte Strecke mit nur sieben Beinen, hatte sie doch sehr angestrengt. Dann setzte sie sich in Positur und begann mit der Rückverwandlung.

Obwohl das für sie lediglich eine Routinesache war, empfand sie das Gefühl des Wachsens immer als besonders angenehm, während der umgekehrte Vorgang, alleine schon durch das Bewusstsein, nun kleiner zu werden, einige psychologische Probleme mit sich brachte. Als sie mit ihrer Rückverwandlung begann, freute sie sich darum auch auf das immer wieder schöne

Erlebnis. Zu Beginn der Verwandlung stellte sich auch das erwartete, angenehme Gefühl ein; doch dann war plötzlich irgendetwas anders. Zunächst führte sie die ungewohnte Empfindung auf ihre Erschöpfung zurück, aber je länger die Prozedur dauerte, desto fremdartiger erlebte sie das Geschehen. Wie immer, so endete auch jetzt die Verwandlung von der Spinne zum Menschen in hockender Haltung, also Hände und Knie auf dem Boden, auf allen Vieren, wie man so sagt. Als jetzt der Oberkörper fast die normale Größe erreicht hatte, geschah etwas ganz Seltsames. Ohne dass sie es sich zunächst erklären konnte, hatte sie die Empfindung, nach der rechten Seite zu kippen. Irgendetwas war mit ihrem rechten Arm nicht in Ordnung. Er war kraftlos und fühlte sich überhaupt ganz eigenartig an. Sie konnte sich nicht, wie gewohnt, damit aufstützen. Nun muss man wissen, dass es mit der Rückverwandlung des Körpers alleine nicht getan ist. Auch die Umstellung des Gesichtsfeldes, bedingt durch den großen Unterschied zwischen Spinnen- und Menschenaugen, erfordert einige Zeit. Darum dauerte es eine Weile, bis sie zu ihrem Schrecken das Fehlen ihres rechten Armes bemerkte. Er war nicht mehr da! Nur ein kleiner, wenige Zentimeter langer Stummel ragte aus ihrer rechten Schulter. Plötzlich begriff sie die Zusammenhänge: Das Messer des Dummen Bernhard hatte das rechte Vorderbein der Spinne abgetrennt, das sich bei der Verwandlung zum rechten Arm entwickeln sollte.

Das war ein Schock für Arachne. Mehrere Minuten verharrte sie in ihrer knienden Stellung, bevor sie sich endlich erhob. Sie verließ den Raum und ging langsam und unsicher über den Flur in das Schlafzimmer, um sich anzukleiden und die Sachen, die sie dem Pfarrer in den Wald bringen wollte, an sich zu nehmen. Als sie dann vor dem Kleiderschrank stand, ihr Spiegelbild in der Schranktür erblickte, wurde sie von einer bisher nie gekannten Verzweiflung überwältigt. Sie kam sich so hilflos vor, so verlassen. Wie sollte sie jetzt, mit nur einem Arm, ihre Arbeit verrichten? Wie sollte sie den Leuten diesen »Unfall« erklären? Sie stand vor dem Spiegel und fühlte sich sehr elend, sehr schwach. Dann legte sie sich auf das Bett und weinte, bis sie vor Erschöpfung einschlief.

11.

In den letzten Wochen war der junge Bürgermeister Georg Behringer, tatkräftig unterstützt von seiner Frau, sehr fleißig gewesen. Der Festspielgedanke ließ ihn nicht mehr los. Zusammen mit Vera hatte er Kontakte zu Agenten, Künstlern und Journalisten aufgenommen, um ein Konzept für die zukünftigen Lüttelborner Festspiele zu erarbeiten. Die ganze Sache wurde erschwert, weil im Dorf von diesen Aktivitäten vorerst nichts bekannt werden durfte. Lediglich den Pfarrer Bodenlos und den Lehrer Dohler hatten sie eingeweiht. Beide waren davon sehr angetan.

Die Idee, alle neun Beethoven-Sinfonien gleichzeitig und an demselben Ort aufzuführen, fand sogar bei den zuständigen Behörden, die mit dem Projekt konfrontiert wurden, überraschend starken Beifall. Unerwartet schnell hatte man finanzkräftige Geldgeber gefunden. Große Unternehmen bemühten sich mit ansehnlichen Geldbeträgen um Werbeflächen. Sogar die Landesregierung versprach eine angemessene Unterstützung. Schließlich fand auch noch das bisher größte Problem, nämlich die Überdachung der Spielstätte, also des Kreuzberges, eine ebenso überraschende wie verblüffende Lösung, die selbst die junge Frau Behringer in ihren kühnsten Träumen nicht für möglich gehalten hätte.

Der Bürgermeister war also in der Lage, in verhältnismäßig kurzer Zeit ein solides, viel versprechendes Festspielkonzept vorlegen zu können. Selbstverständlich nicht ganz ohne Risiko, aber das lässt sich bei solchen Unternehmungen ja nie ganz vermeiden.

Just an dem Morgen, als die Spinne Arachne das unglückliche Zusammentreffen mit dem Dummen Bernhard hatte, konnte der Bürgermeister die entscheidende Sitzung des Gemeinderates einberufen. Um das Besondere dabei zu unterstreichen, sollte sie am zukünftigen Festspielort stattfinden, also auf dem Kreuzberg. Die Mitglieder des Gemeinderates wunderten sich zwar darüber, machten jedoch keine Schwierigkeiten.

Die äußeren Bedingungen waren dann aber sehr ungünstig. Nachdem in den vergangenen zwei Wochen sehr schönes Wetter geherrscht hatte, mit Sonnenschein und recht angenehmen Temperaturen, regnete es an diesem Tag seit den Morgenstunden sehr heftig. Missmutig stapften der Bürgermeister Behringer, Heinrich Bromme, Benjamin Schwarz und Peter Holling durch Morast, nasses Gras, Pfützen und Gestrüpp – einen Weg gab es noch nicht – hinauf zum Gipfel des Kreuzberges und waren schon bald bis auf die Haut durchnässt.

Die Wolken hingen tief und verdunkelten das Land. Kaum konnte man durch das über Wiesen und Felder wabernde Gemisch aus Regen und Nebel die Häuser des Dorfes sehen. Eine trostlose Kulisse, wenig geeignet, um Begeisterung zu erwecken.

»Etwas Besseres, als uns auf den Kreuzberg zu locken, ist dir wohl nicht eingefallen«, mäkelte Bromme den Bürgermeister an.

»Wer konnte denn ahnen, dass ausgerechnet heute so ein Sauwetter ist«, verteidigte sich der Bürgermeister.

»Es wäre schon besser«, meinte Schwarz, »wenn wir ... ich meine ... schön warm ... ja ... und trocken ... nicht wahr ... in der Schänke säßen.«

»Es dauert nicht lange«, beruhigte Behringer die Leute. »Ihr werdet sehen, es hat seinen guten Grund, die Sitzung auf dem Kreuzberg abzuhalten.«

»Das will ich aber auch hoffen«, sagte Bromme drohend.

Während sie verbissen gegen den Regen und den Schlamm ankämpften, schimpfte und fluchte Bromme ununterbrochen vor sich hin, bis sie endlich den Gipfel erreicht hatten. Es war eine kreisrunde Fläche mit einem Durchmesser von acht oder zehn Metern, wo nur wildes Gras, Disteln und anderes Unkraut wuchsen. In dessen Mitte stand eine alte, bereits angefaulte Bank. Vorsichtig setzten sie sich hin, und Schwarz holte einen Flachmann aus der Tasche, öffnete die kleine Flasche und nahm einen kräftigen Schluck. Es war ein angenehmes Gefühl, wie der Schnaps die Speiseröhre hinunterlief und den Magen erreichte. Danach war ihm etwas wohler. Dann reichte er die Flasche weiter und seine Begleiter tranken auch davon. Jetzt war die Stimmung etwas besser, zumal es auch nicht mehr regnete.

»Was gibt es denn nun so Wichtiges?«, fragte Holling, und Bromme ergänzte: »Los, mach schon!«

Der Bürgermeister berichtete dann in wohl vorbereiteten Worten von seinen Festspielplänen und von den bereits erfolgten Vorbereitungen sowie von dem großen Interesse an diesen Festspielen bei Behörden und Regierungsstellen. Mit großer Begeisterung schilderte er all die Vorteile, die ein solches Unternehmen für die Gemeinde Lüttelborn bringen würde. Er vergaß auch nicht, die geplante, völlig neue Dachkonstruktion zu erwähnen, die das Dorf Lüttelborn in der ganzen Welt bekannt machen würde.

Als er seinen Vortrag beendet hatte, schwiegen zunächst alle. Schwarz und Holling nickten mit ihren nassen Köpfen und Schwarz murmelte: »Interessant.«

Bromme sagte nur: »Hm, hm«, und man konnte nicht hören, ob es beifällig oder ablehnend gemeint war.

Als keine Fragen oder gar Proteste von seinen Kollegen vorgebracht wurden, fuhr Behringer fort: »Jetzt zeige ich euch, wie wir uns das hier oben gedacht haben.«

Widerwillig folgten sie dem Bürgermeister, der den dreien nun die Pläne zur Gestaltung des Kreuzberges erläuterte. Er zeigte ihnen, wie rund um die Bergkuppe die neun Orchester platziert werden sollen, wo die Bänke für die Konzertbesucher stehen würden, und sprach auch über die gewaltigen Ausmaße der geplanten Überdachung. Selbst mehrere Restaurants, Toiletten und sogar eine Sanitätsstation waren vorgesehen.

Die trotz der widrigen Umstände mit großer Begeisterung vorgetragenen Erklärungen des Bürgermeisters zeigten aber bei seinen Begleitern kaum Wirkung. Vor allem Bromme schwieg demonstrativ und stapfte stur hinterdrein. Wenn Behringer sein Gesicht gesehen hätte, wäre er wahrscheinlich erschrocken. Bromme blickte trotzig den aufgeweichten Boden an, als gelte es, gefährlichen Fußangeln auszuweichen. Es schien, als könne er sich nur mit äußerster Selbstbeherrschung dazu zwingen, seinen Unmut nicht durch Handgreiflichkeiten zum Ausdruck zu bringen. Holling hingegen schien über das Gehörte wenigstens nachzudenken, und Schwarz fragte sogar nach einiger Zeit: »Sag mal, Behringer, du glaubst wirklich … ich meine … ein tolles Ding … bist du sicher, dass man … du bist wirklich davon überzeugt … ein solches Dach … das kann man … das kann man tatsächlich bauen?«

»Der Architekt hat es mir so erklärt«, antwortete Behringer.

»Von einer solchen Bautechnik habe ich noch nie etwas gehört«, ließ sich Bromme böse vernehmen. »Wahrscheinlich ist das nur grober Unfug und wir fallen darauf herein.«

»Es ist eben etwas ganz Neues.« Behringer ließ sich durch den wütend vorgebrachten Einwand Brommes nicht aus der Fassung bringen. »Darum ist die Sache ja auch so interessant. Außerdem habe ich mit dem Architekten vereinbart – sein Name ist Jonathan Trollmann –, dass er demnächst nach Lüttelborn kommt, um uns die Sache noch einmal genau zu erklären. Wir werden dazu die ganze Dorfbevölkerung einladen.«

»Ja«, meinte Schwarz, »das wird … ich meine … das muss auch sein.«

»Eben«, bestätigte Behringer, »das muss sein. Dann kann sich jeder ein Bild davon machen.«

Dann begannen sie den Abstieg. Nach wenigen Metern blieb Holling stehen und sagte: »Was meinst du, Behringer, sollen wir nicht den Pfarrer ins Vertrauen ziehen? Es sieht ja so aus, als ob du von dem Festspielgedanken nicht mehr abzubringen bist. Da könnte der Pfarrer uns doch behilflich sein.«

»Das ist keine schlechte Idee«, mischte sich Bromme böse und sarkastisch ein. »Der Pfarrer kann ja schon einmal anfangen dafür zu beten, dass der liebe Gott euch wieder zur Vernunft bringt.«

Ohne Bromme zu beachten, sagte der Bürgermeister: »Das

können wir machen, Holling. Also gehen wir doch gleich noch schnell ins Pfarrhaus und reden mit dem Pfarrer.« Er sagte natürlich nicht, dass er den Pfarrer bereits in seine Pläne eingeweiht hatte.

Das Wetter besserte sich jetzt zusehends. Die Sonne kam sogar hin und wieder zaghaft zwischen den immer noch sehr niedrig hängenden Wolken hervor. Die Männer gingen schweigend dem Dorf zu. Der Bürgermeister, Holling und Schwarz schritten nebeneinander, jeder mit seinen eigenen Gedanken beschäftigt. Bromme hingegen lief, missmutig wie meistens, einige Meter hinterher und ließ den Abstand immer größer werden.

Als sie in die Nähe des Pfarrhauses kamen, rief Bromme den dreien zu: »Ich hab jetzt keine Zeit mehr und muss nach Hause. Geht ohne mich zum Pfarrer!« Dann wandte er sich ab und ging zu seinem Hof.

Die drei blieben kurz stehen, sahen sich an, sagten aber nichts. Dann setzten sie ihren Weg fort.

12.

Währenddessen lag Arachne in ihrem Bett und wurde von den verrücktesten Träumen heimgesucht. Als Spinne lief sie durch das Dorf, verfolgt von einer Meute Jungen und Mädchen, die sie mit Stöcken bedrohten und mit Messern nach ihr warfen. Dann wurde sie in Menschengestalt von Männern und Hunden gehetzt. Als sie in ihrer Not mit der rechten Hand einen Stein vom Boden heben wollte, um damit ihre Verfolger zu bewerfen, löste sich der Arm von ihrem Körper. Sie lief in Panik ein paar Schritte weiter, griff nun mit der Linken nach einem Stock, der am Weg lag, um ihn einem großen Hund in den aufgesperrten Rachen zu stoßen. Der verbiss sich jedoch darin und zerrte ihn wütend hin und her, so dass sie ihn wieder loslassen musste. Dann rannte sie weiter. In ihrer Angst und Verzweiflung versuchte sie, über einen Bach zu springen. Das gelang ihr auch. Da sie aber mit nur einem Arm den Aufprall am anderen Ufer nicht ausbalancieren konnte, landete sie sehr unglücklich. Ein stechender Schmerz durchzuckte ihren Körper. Als sie sich mühsam erheben wollte, fielen die Hunde über sie her, mit geifernden Mäulern, von den Männern im Hintergrund noch angestachelt. Sie wurde sich der Ausweglosigkeit ihrer Lage bewusst und schrie laut um Hilfe.

Davon erwachte sie. In ihren Alpträumen hatte sie sich wild hin und her bewegt und war schließlich unsanft aus dem Bett gefallen.

Kaum hatte Arachne ihre Lage erkannt, vernahm sie lautes Pochen an der Haustür. Dann wurde ihr Name gerufen. Sie erhob sich mühsam vom Boden, ging zum Fenster und blickte durch die Vorhänge hinaus auf die Straße. Vor dem Haus sah sie den Bürgermeister mit seinen beiden Begleitern, die auf dem Weg zum Pfarrhaus die Hilfeschreie gehört hatten und nun Einlass begehrten, um gegebenenfalls Hilfe zu leisten.

Arachne hörte nun, wie sie miteinander berieten. »Wir müssen ins Haus«, sagte der Bürgermeister, »sie hat laut und deutlich um Hilfe geschrieen.« Die anderen ergänzten: »Da ist etwas passiert! Wir müssen ins Haus!«

Schwarz stieg dann über den Zaun und lief hinter das Haus. Als er zurückkam, hatte er eine Axt in der Hand, die er in einem Geräteschuppen gefunden hatte. Damit begann er nun, die Haustür des Pfarrhauses einzuschlagen, was ihm auch ziemlich mühelos gelang.

Arachne hatte das Tun der Männer mit großer Sorge beobachtet. Auf keinen Fall konnte sie sich so, nackt und mit nur einem Arm, den Männern zeigen. Es blieb nur ein Ausweg. Sie musste sich wieder in eine Spinne verwandeln und sich dann verstecken. Sofort begann sie mit der Prozedur. Sie konnte gerade noch unter den Kleiderschrank kriechen, als auch schon die Männer bei ihrer Hausdurchsuchung das Schlafzimmer betraten.

13.

Die Ereignisse der letzten Nacht hatten den Pfarrer doch sehr erschöpft, so dass er trotz der ungünstigen Umstände in einen tiefen Schlaf gefallen war. Wer weiß, wie lange er geschlafen hätte, wenn er nicht durch den am frühen Morgen einsetzenden, starken Regen aufgewacht wäre. Er hatte jegliches Zeitgefühl verloren und wusste nicht, ob er nur kurze Zeit oder gar mehrere Stunden geschlafen hatte. »Wo nur Arachne bleibt«, dachte er. Seine Lage war äußerst unangenehm. Der Regen wurde zwar bald schwächer und hörte dann ganz auf, aber das verbesserte die Situation nur unwesentlich, denn er lag nach wie vor völlig nackt auf dem nassen, aufgeweichten und matschigen Waldboden. Er erhob sich und wollte versuchen, eine trockenere Stelle zu finden. Als er aus seinem Versteck hinaustrat, traute er seinen Augen nicht: Da lagen vor ihm, säuberlich zusammengefaltet, die vermissten Kleider auf der Erde. Bodenlos konnte sich das überhaupt nicht erklären. Als er den überraschenden Fund näher untersuchte, bemerkte er zu seiner Freude, dass trotz des Regenwetters in dem sorgfältig zusammengelegten Kleiderpacken nicht alle Stücke nass geworden waren. Eilig zog er sich an, so gut es ging. Jacke und Hose waren zwar ziemlich verdreckt, aber immerhin konnte er jetzt nach Hause gehen. Einen Moment lang überlegte er, ob es nicht besser wäre, auf Arachne zu warten, wie es verabredet war; doch er hatte keine Lust noch länger in dem nassen Wald herumzustehen, zumal er auch nicht wusste, wie viel Zeit vergangen war, seitdem Arachne ihn verlassen hatte. So beschloss er also, nach Hause zu gehen. »Wenn Arachne jetzt auf dem Weg hierher ist«, dachte er, »werden wir uns ja begegnen.« Den schlechten Zustand seiner Garderobe würden die Leute wohl kaum bemerken oder auf den Regen zurückführen. Doch er begegnete auf seinem Weg keinen Menschen.

Als er das Pfarrhaus erreicht hatte, kam ihm der Bürgermeister ganz aufgeregt entgegen. »Wo ist Ihre Haushälterin?«, fragte er, ohne sich Zeit für eine förmliche Begrüßung zu nehmen.

»Ist sie denn nicht zu Hause?«, fragte Bodenlos zurück.

»Nein, natürlich nicht«, antwortete Behringer gereizt. »Sonst hätte ich ja wohl nicht gefragt. Kommen Sie!«, befahl er ziemlich unfreundlich, »der Polizeibeamte hat sicher auch noch einige Fragen an Sie.«

»Der Polizeibeamte?«, wunderte sich Bodenlos.

»Ja«, erklärte der Bürgermeister, »wir mussten selbstverständlich die Polizei verständigen, als wir die Hilferufe gehört haben.«

»Welche Hilferufe?« Der Pfarrer verstand überhaupt nichts mehr.

Dann kam auch schon der Polizeibeamte und fragte: »Sind Sie der Pfarrer Bodenlos?« Dabei betrachtete er etwas verwundert die ungepflegte Kleidung des Pfarrers.

»Ja, der bin ich.«

»Wann haben Sie Ihre Haushälterin zuletzt gesehen?«

»Vor ein paar Stunden«, antwortete Bodenlos wahrheitsgemäß.

»Wissen Sie, wo Frau Lenzinger jetzt ist?«

»Wenn sie nicht hier ist, dann weiß ich es nicht.«

»Wir haben deutlich ihre Hilferufe gehört«, beharrte der Bürgermeister.

»Würden Sie mir bitte erklären, was hier geschehen ist?«, fragte der Pfarrer nun doch etwas ungehalten.

»Das kann ich Ihnen sagen.« Der Bürgermeister war immer noch sehr erregt. »Als wir, die Mitglieder des Gemeinderates und ich, mit Ihnen über die geplanten Lüttelborner Festspiele sprechen wollten, hörten wir auf dem Weg zum Pfarrhaus die Hilferufe der Frau Lenzinger. Auf unser Klopfen und Rufen reagierte niemand. Daraufhin brachen wir den Eingang auf und gingen ins Haus, weil wir ein Unglück befürchteten, aber wir fanden keine Menschenseele.«

»Vielleicht haben Sie sich getäuscht«, sagte der Pfarrer zum Bürgermeister.

»Das ist ganz ausgeschlossen«, protestierte der. »Schließlich haben wir es alle deutlich gehört.«

Holling und Schwarz waren nun auch hinzugetreten, und Holling sagte: »Da ist jeder Irrtum ausgeschlossen.«

Auch Schwarz versuchte sich einzumischen: »Wir haben … wissen Sie … wir haben es durchsucht … das ganze … ich meine das Haus … nirgendwo …«

»Sie ist nicht hier«, unterbrach Behringer das Gestotter, »und wir haben uns auch nicht getäuscht.«

»Es gibt aber kaum eine andere Möglichkeit«, bemerkte der Polizist. »Sie müssen sich verhört haben. Schließlich kann eine Frau sich nicht in Luft auflösen.«

»Was ich gehört habe, das habe ich gehört«, protestierte Holling, und der Bürgermeister ergänzte: »Drei Männer können sich doch nicht so täuschen.«

»Ich begreife das ja auch nicht«, lenkte der Polizist ein. »Sie müssen aber verstehen, dass ich Ihnen im Augenblick nicht helfen kann. Telefonieren Sie mit meiner Dienststelle, wenn Sie etwas Neues erfahren haben.« Dann verabschiedete er sich, stieg in sein Auto und fuhr davon.

»Sehr sonderbar«, meinte Behringer sinnend. »Sehr sonderbar. Aber der Polizist hat Recht, jetzt können wir nichts machen. Warten wir also ab.« Und an den Pfarrer gewandt: »Sie geben mir bitte sofort Nachricht, wenn Sie etwas von Frau Lenzinger hören.«

»Selbstverständlich«, sagte Bodenlos. Dann gingen sie auseinander.

Der Pfarrer war natürlich sehr beunruhigt und hatte überhaupt keine Erklärung für das Verschwinden Arachnes. Nur um etwas zu tun, ging er noch einmal suchend durch das Haus, obwohl es doch ganz unmöglich war, Arachne zu finden. Schließlich hatten mehrere Männer gründlich nach ihr gesucht. Doch als er in das Schlafzimmer kam, traute er zunächst seinen Augen nicht. Arachne war da! Als Spinne! Sie versuchte auf das Bett zu klettern, was ihr offensichtlich große Schwierigkeiten bereitete. Der Pfarrer wunderte sich über ihre Schwerfälligkeit, bis er das Fehlen eines ihrer Vorderbeine bemerkte. Als sie es endlich geschafft hatte, lief sie hektisch auf der Bettdecke hin und her, blickte den Pfarrer mit ihren großen Spinnenaugen durchdringend an und wisperte immerzu verhältnismäßig laut, was bei Spinnen im Allgemeinen sehr selten ist. Bald bemerkte Bodenlos, dass sie ihm etwas mitteilen wollte. Auch konnte er aus dem Gewisper einige undeutliche Wortfetzen erkennen. Doch ihre Sprache – wenn es sich denn um eine solche handelte – war viel zu schnell und in einer zu hohen Stimmlage, als dass er ihr folgen könnte. Dass sich hier etwas Ungewöhnliches ereignet hatte, wurde dem Pfarrer immer deutlicher. Arachne war ganz offensichtlich in Schwierigkeiten. Er musste unbedingt den Grund dafür herausfinden. Die Spinne wurde immer erregter und Bodenlos immer verzweifelter. Dann hatte er plötzlich eine Idee: Schnell holte er das Tonbandgerät aus seinem Arbeitszimmer, nahm das Gewisper Arachnes auf und ließ das Band zum Abhören dann mit einer langsameren Geschwindigkeit laufen. Und richtig – jetzt verstand er was Arachne sagte. Sie erzählte ihm nun alles, was sie in den letzten Stunden erlebt hatte.

Das Schlimmste an der Sache war, dass sie sich nicht wieder in eine Frau zurückverwandeln konnte. Schon mehrmals hatte sie es versucht und tat es auch jetzt noch einmal im Beisein des Pfarrers – es gelang nicht. Sie hatte keine Erklärung für dieses Versagen. Schließlich sagte sie: »Du musst zu meiner Mutter nach München fahren, vielleicht weiß sie einen Rat.«

Bodenlos nickte mit dem Kopf und meinte: »Das wird das Beste sein. Wir sollten dabei keine Zeit verlieren. Wenn ich mich beeile, erreiche ich noch den Elfuhrzug.« Dann ging er zu seinem Kleiderschrank, nahm frische Wäsche und einen sauberen Anzug, kleidete sich um und machte sich auf den Weg zum Bahnhof. Lüttelborn hatte keinen eigenen Bahnanschluss. Bodenlos musste darum einen Fußweg von gut fünfundvierzig Minuten zurücklegen, um im Nachbardorf in den Zug nach München steigen zu können.

14.

Als der Pfarrer Bodenlos in München den Bahnhof verließ, ein Taxi nahm und dem Fahrer die Adresse nannte – durch seine Kleidung war er deutlich als Priester zu erkennen – wunderte er sich über den sonderbaren Blick des Fahrers. Dessen Bemerkung: »Sie lieben es wohl nur vom Feinsten«, verstand er überhaupt nicht. Schließlich hatte er lediglich die Adresse von Arachnes Mutter genannt.

Am Ziel angekommen, war er erst recht überrascht. Es war eine prunkvolle Villa, fast schon ein kleines Schlösschen, das in einem großen, parkähnlichen Grundstück stand. Als er den Fahrer entlohnt hatte ohne ihm ein Trinkgeld zu geben, sagte der: »So knickerig dürfen Sie aber da drin nicht sein.« Bodenlos wusste gar nicht, wovon die Rede war.

Der Pfarrer zuckte mit den Achseln und ging dann durch einen gepflegten Vorgarten auf ein imposantes Portal zu. Dort angekommen, war die Suche nach einer Klingel überflüssig, denn die große, schwere Tür wurde von einer sehr attraktiven und sehr elegant gekleideten freundlichen Dame geöffnet. »Treten Sie bitte ein, Herr Pfarrer«, sagte sie. Bodenlos meinte, einen leicht spöttischen Unterton in ihrer Stimme zu vernehmen. Doch er hatte gar nicht die Zeit, darüber lange nachzudenken, denn mehrere junge Frauen kamen auf ihn zu, fassten ihn sanft an den Armen und führten ihn in einen prächtig ausgestatteten Salon. »Nehmen Sie bitte Platz!«, hörte er eine Stimme säuseln. »Dürfen wir Ihnen etwas anbieten?«

»Etwas anbieten?« Der Pfarrer wiederholte unsicher diese Frage: »Ich meine … ich wollte …« Er war ganz verwirrt und fand keine Worte.

»Wir bewundern Ihren Mut«, hörte er wieder die Frau mit der säuselnden Stimme.

»Wieso Mut?«, fragte Bodenlos.

»Weil Sie in der Soutane hierher kommen. Das erleben wir heute zum ersten Mal.«

Bodenlos verstand gar nichts. »Ich meine ... ich wollte ...«, stotterte er. »Verstehen Sie ...«

»Aber natürlich verstehen wir Sie«, unterbrachen die Frauen ihn kichernd und durcheinander redend. »Wir werden Sie ganz sicher nicht enttäuschen.«

»Ja ... das ist gut ... ich verstehe ... ich meine ... ich verstehe nicht ...« Bodenlos wurde immer verwirrter. »Der Grund meines Besuches, wissen Sie, also, warum ich hier bin ...«

»Sagen Sie uns nur, was Sie wünschen, wir haben für alles Verständnis«, flüsterte ihm eine der Frauen ins Ohr, und eine andere ergänzte: »Es gibt bei uns nichts, was wir Ihnen nicht bieten können.«

»Das ist ja ... ich meine ... das ist ja sehr schön, aber verstehen Sie bitte ...«

»Wir verstehen alles«, zwitscherte eine hohe Stimme, die ihn an einen Kanarienvogel erinnerte.

»Das glaube ich Ihnen gerne«, sagte der Pfarrer, der nun langsam etwas sicherer wurde. »Das glaube ich Ihnen gerne«, wiederholte er. »Aber der Grund meines Besuches hier ist ...«

»Ja, bitte?« Alle blickten erwartungsvoll den Pfarrer an. »Der Grund meines Besuches ist«, begann der Pfarrer noch einmal, um dann, schon fast etwas energisch, zu fordern: »Ich möchte Frau Lenzinger sprechen.«

Er spürte, wie die Atmosphäre nach seinen letzten Worten merklich kühler wurde. Zwei der Frauen, die vor ihm knieten, erhoben sich, und alle blickten auf eine schon etwas ältere, sehr elegante, dunkelhaarige Dame, die so etwas wie die Wortführerin war.

»Das ist schwierig«, sagte diese. »Die Chefin ist zurzeit sehr beschäftigt.«

»Es geht um die Tochter der Frau Lenzinger, um Arachne.«

»Was ist mit ihr?« Es war nun immer dieselbe Frau, die Fragen stellte oder beantwortete.

»Darüber wollte ich ja gerade mit Frau Lenzinger reden.«

»Ich fürchte, da müssen Sie sich ein wenig gedulden.« Dann sprach sie eines der jungen Mädchen an und sagte: »Mia, geh zur Chefin und sage ihr, dass Herr … wie war doch gleich Ihr Name?«

»Mein Name ist Bodenlos, Pfarrer in Lüttelborn. Arachne Lenzinger ist meine Haushälterin.«

»Danke.« Und wieder an die junge Frau gewandt: »Sage der Chefin, Pfarrer Bodenlos aus Lüttelborn wünscht sie wegen ihrer Tochter zu sprechen.«

Die so Angesprochene nickte und ging aus dem Salon.

Auf ein kleines Zeichen der Wortführerin hin verließen nun alle den Raum. Bodenlos war plötzlich allein. So hatte er Zeit, sich umzusehen und über den sonderbaren Empfang in diesem Haus nachzudenken.

Wie er so dasaß in einem üppigen, weichen Sessel mit hoher Rückenlehne und den mit kostbaren Barockmöbeln, gold gerahmten Spiegeln, Gobelins und flauschigen Teppichen ausgestatteten Salon betrachtete, begann er zu begreifen, in welch sonderbarem Etablissement er sich befand. Ganz offensichtlich war Arachnes Mutter dem Beruf ihrer Urahnin Sarah treu geblieben.

Obwohl er die für einen Priester sehr pikante Situation, in der er sich hier befand, nun völlig klar erkannte, hatte er keine Skrupel. Es gab keine andere Möglichkeit, um Arachne zu helfen. Dafür waren ihm alle Mittel und Wege recht. Er hoffte nur, dass Arachnes Mutter einen Weg aus dieser miserablen Situation finden würde, in der sich ihre Tochter aus bisher noch unbekannten Gründen befand. Immer wieder sah er die traurigen, ihn flehentlich anblickenden großen Spinnenaugen vor sich, hörte die Stimme Arachnes, der man trotz der für Menschen unnatürlich hohen Stimmlage die Verzweiflung anmerkte, und stellte sich vor, wie sie im Pfarrhaus auf dem Bett saß oder bei ihrer Spinnensammlung Trost suchte und auf die Hilfe ihrer Mutter hoffte. Solche Gedanken beherrschten ihn vollends. Es blieb gar keine Zeit, um über eventuelle Unannehmlichkeiten nachzudenken, die ihm durch den Besuch in diesem Haus entstehen könnten.

Er hatte vielleicht zehn oder fünfzehn Minuten gewartet, als die dunkelhaarige Frau in den Salon zurückkehrte und ihn aufforderte ihr zu folgen. Sie führte ihn durch einen ziemlich langen Gang in ein großes Zimmer. Es war eine Mischung aus Büro und Boudoire. Große Sessel, ein Sofa, ein kostbarer Schreibtisch mit Telefon, an einer Wand ein Bücherschrank und neben dem Schreibtisch sogar ein Computer. Auf einem kleinen, runden Tisch standen eine Kaffeekanne und zwei Tassen aus Meißner Porzellan mit dem bekannten Zwiebelmuster.

Als Bodenlos den Raum betrat, erhob sich hinter dem Schreibtisch eine stattliche Frau von gut sechzig Jahren. Sie war etwas korpulent, sehr geschmackvoll in ein langes, dunkelblaues Kostüm gekleidet. Die leicht ergrauten Haare trug sie streng nach hinten gekämmt und zu einem kleinen Knoten gebunden, der mit einem goldenen Netz zusammengehalten wurde. Ihre Lippen waren auffallend rot geschminkt, während das übrige Gesicht eher bleich, fast etwas weißlich wirkte. Sie kam mit schnellen, eleganten Schritten auf den Pfarrer zu, streckte ihm ihre Hand entgegen und sagte: »Entschuldigen Sie bitte, dass ich Sie warten ließ. Ich freue mich sehr, Sie kennen zu lernen. Wie geht es meiner Tochter? Sind Sie mit ihr zufrieden? Ich hoffe nur, sie macht Ihnen keine Schwierigkeiten. Sie war immer schon etwas eigenwillig.«

»Ihre Tochter ist in der Tat der Grund meines Besuches«, sagte der Pfarrer.

»Hat sie etwas angestellt? Mein Gott, nun ist das Kind schon längst erwachsen, und immer noch muss man sich Sorgen machen.«

»Nein, sie hat nichts angestellt. Jedenfalls nichts, wofür man sie verantwortlich machen könnte. Es ist nur, nun, ich glaube, zuerst sollte ich Ihnen gestehen, dass ich um die seltsamen Fähigkeiten Ihrer Tochter weiß. Sie hat es mir gesagt. Und nicht nur das, sie hat es mir auch gezeigt.«

»Sie meinen die Sache mit den Spinnen?«, fragte die Frau ängstlich.

»Ja.«

»Das hätte sie nicht tun sollen.« Die Frau hatte ganz leise gesprochen und ging dann zu ihrem Schreibtisch, wo sie sich langsam hinsetzte. »Das hätte sie nicht tun sollen«, sagte sie noch einmal.

»Es ließ sich nicht vermeiden«, versuchte der Pfarrer seine Haushälterin zu entschuldigen. »Es war eine Situation, die keinen anderen Ausweg erlaubte.«

»Und welche Situation war das? Wollen Sie mir das sagen?«

»Darum bin ich hier.« Dann musste der Pfarrer ihr wohl oder übel die ganze Geschichte erzählen.

»Sie sind unsere letzte Hoffnung«, sagte Bodenlos, als er mit seinem Bericht zu Ende gekommen war. »Bitte, helfen Sie uns! Wissen Sie, was in einer solchen Situation zu tun ist?«

Die Frau schwieg lange, während der Pfarrer gespannt auf ihre Antwort wartete. Dann sagte sie: »Ich erinnere mich an einen solchen Fall, der aber schon vor sehr langer Zeit geschehen ist. Ich war damals noch sehr jung und weiß jetzt nicht mehr, wie die Sache ausgegangen ist. Nur an die große Aufregung, die damals bei uns herrschte, kann ich mich noch gut erinnern. Ich muss mit meiner Mutter darüber reden. Sie ist zwar schon bald neunzig Jahre alt, aber immer noch sehr rege und weise. Vielleicht weiß sie einen Rat. Ich besuche sie oft, denn sie wohnt gar nicht weit von hier in einem kleinen Dorf.« Dann schwiegen beide. Frau Lenzinger saß zurückgelehnt in ihrem Sessel hinter dem Schreibtisch und spielte gedankenverloren mit einem Bleistift. Dann sagte sie leise: »Diese Rückverwandlungssperre wurde vielleicht durch den Schock ausgelöst, den sie zweifellos erlitten hat, als sie den Verlust ihres Armes bemerkte.« Dann lehnte sie sich vor, legte den Bleistift korrekt in eine kleine Schale mit anderem kleinen Büromaterial, blickte den Pfarrer an und sagte: »Verstehen Sie mich bitte nicht falsch, aber ich halte es für das Beste, wenn Sie Arachne vorübergehend zu mir bringen. Sie wissen, ich verfüge über die gleichen Fähigkeiten wie meine Tochter und kann sie dann trösten und ihr über diese schwere Zeit hinweghelfen. Was halten Sie davon?«

Der Pfarrer nickte deprimiert mit dem Kopf. »Ich muss Ihnen zustimmen«, sagte er dann. »Das wird das Beste sein.«

»Ich freue mich über Ihr Verständnis. In Ihrem Dorf können Sie die plötzliche Abwesenheit Arachnes dann auch wahrheitsgemäß mit einer Familienangelegenheit erklären, die ihre Anwesenheit in München bei ihrer Mutter erforderlich macht.«

Mit diesem schwachen Trost versehen fuhr der Pfarrer wieder nach Hause.

15.

M it der Ruhe und Beschaulichkeit in Lüttelborn war es
vorbei. Die Ereignisse überschlugen sich. Arachnes
überstürzte Abreise – offensichtlich ohne das Wissen des Pfarrers in den frühen Morgenstunden – gab natürlich zu allerlei
Gerüchten und Spekulationen Anlass. Die Erzählungen des
Bürgermeisters und der Mitglieder des Gemeinderates von an-
geblichen Hilferufen passten auch nicht so recht in diese Geschichte. Zwar unterstellte man den Männern nicht, die Un-
wahrheit zu sagen. Ein Teil der Dorfbewohner meinte aber, sie
wären wohl durch ein Geräusch getäuscht worden und hätten
vielleicht eine quietschende Tür für Hilferufe gehalten. Andere
sprachen auch spöttisch von Geisterstimmen, die es ja in manchen alten Pfarrhäusern geben solle, und einige meinten sogar,
die Herren wären wohl trotz der frühen Morgenstunde nicht
mehr ganz nüchtern gewesen.

Das alles wurde aber durch die Unruhe wegen der geplanten
Festspiele in den Hintergrund gedrängt. Hier prallten die un-
terschiedlichsten Meinungen hart aufeinander. Von totaler Ablehnung bis zu begeisterter Zustimmung – um die sich hauptsächlich der Pfarrer Bodenlos und der Lehrer Dohler verdient
gemacht hatten – waren alle Nuancen einer öffentlichen Mei-
nungsbildung vorhanden. Vor allem die neuartige Konstruktion
zur Überdachung des Kreuzberges erregte die Gemüter sehr. Es
hatte nicht nur im Gemeinderat, sondern bei der ganzen Dorfbevölkerung deswegen harte Auseinandersetzungen gegeben.
Die Gegner sprachen von einem abenteuerlichen Vorhaben, von
reiner Geldverschwendung, worauf man sich unter keinen Umständen einlassen dürfe; während die Befürworter den – zuge-
geben – etwas kühnen Plan eine zukunftsweisende Investition

nannten und sich davon eine weltweite Resonanz versprachen, die für Lüttelborn nur von Vorteil sein könne. Als der Erfinder dieser neuen Bautechnik, der Architekt Jonathan Trollmann, in das Dorf kam, um in einer öffentlichen Versammlung sein System zu erläutern, musste er sich nicht nur dummen und zum Teil recht aggressiven Fragen stellen, sondern wurde auch von einigen Versammlungsteilnehmern in übler Weise beschimpft. Einer verstieg sich gar dazu, ihn als Totengräber von Lüttelborn zu bezeichnen, was er aber mit großer Gelassenheit hinnahm. Der Bürgermeister sah schließlich keinen anderen Weg, als die ganze Dorfbevölkerung, soweit sie mindestens achtzehn Jahre alt war, darüber abstimmen zu lassen. Bei dieser Wahl, von deren positivem Ausgang er nach dem Vorbild führender Politiker sein Verbleiben im Amt des Bürgermeisters abhängig machte, siegten mit knapper Mehrheit die Befürworter des Planes.

Das Thema Arachne Lenzinger geriet dann vollends in den Hintergrund, als auf dem Kreuzberg die Bauarbeiten für die seltsame Dachkonstruktion begannen. Von der neugierigen Bevölkerung kritisch und argwöhnisch beobachtet, überzogen die Arbeiter unter der Bauleitung des Architekten Jonathan Trollmann den ganzen Kreuzberg mit einem Drahtgeflecht, ohne seine Form an irgendeiner Stelle auch nur geringfügig zu verändern. Diese Arbeit dauerte mehrere Wochen. Als das geschehen war, übergoss man das Ganze mit einem speziellen, von Trollmann erfundenen Leichtbeton. Schließlich war der ganze Berg mit einer etwa einen halben Meter dicken Eisenbetonschicht überzogen worden, die sich allen Unebenheiten des Geländes anpasste. Als diese Schicht erstarrt war, wurden darauf in ziemlich geringen Abständen etwa einen Meter lange und mehrere Zentimeter dicke Metallpfeiler senkrecht montiert, die als Stützen für eine Holzverschalung dienten, worauf nun ein ebensolches Drahtgeflecht befestigt wurde wie zuvor auf dem Boden des Kreuzberges. Das nahm wiederum viel Zeit in Anspruch. Schließlich übergossen die Arbeiter auch dieses Geflecht mit dem Leichtbeton, so dass zwei gleich dicke und völlig gleich geformte Betonschichten entstanden, durch die Metallpfeiler sowohl getrennt als auch miteinander verbunden. Nun verschloss man die Ränder ebenfalls mit Beton und so entstand ein luftdichter Raum zwischen den beiden Betonscheiben.

Als der Beton nach einigen Wochen gut getrocknet war, geschah erst das Besondere: die Füllung des Zwischenraumes mit einem speziellen Gas, welches ebenfalls Jonathan Trollmann in Zusammenarbeit mit einigen Wissenschaftlern erfunden hatte. Wochenlang wurde es mit großen Spezialtransportern herangefahren und in die Konstruktion gepumpt.

Die Dorfbewohner, deren Interesse an dem Bauwerk in den letzten Wochen deutlich erlahmt war, kamen nun nach und nach wieder zurück, um entweder den großen Augenblick zu erleben, wie sich das gasgefüllte Dach vom Boden erhob, oder aber sich an Ort und Stelle der Schadenfreude hinzugeben, wenn das Unternehmen, was viele immer noch glaubten, misslingen würde. Wetten wurden abgeschlossen und hitzige, zumeist von fehlender Sachkenntnis geprägte Diskussionen erzeugten eine gespannte Atmosphäre.

Endlich, nach knapp drei Wochen, löste sich unter großem Beifall das ganze Bauwerk vom Boden und schwebte nun als großes Dach über dem Kreuzberg. Das Experiment war gelungen. Der Architekt Jonathan Trollmann wurde von allen Seiten beglückwünscht. Die Zweifler verstummten nun endgültig. Dann zogen alle in die Dorfschänke, um das Ereignis gebührend zu feiern.

Sie feierten bis tief in die Nacht und ließen sich dabei auch nicht von einem heftigen Gewitter stören, das mit Blitz, Donner, Sturm, Regen und Hagel über Lüttelborn hinwegzog.

Doch die Freude sollte nicht lange währen. Als am nächsten Morgen die ersten Frühaufsteher zum Kreuzberg kamen, um das »Lüttelborner Meisterwerk«, wie es bereits genannt wurde, zu bestaunen, war es nicht mehr da! Das ganze Dach, dieses Wunderwerk, diese geniale Konstruktion, es war verschwunden! Weg! Einfach weg! Nur noch der zerdrückte Boden des Kreuzberges und die schweren Verankerungsketten – man hatte am vorigen Abend in dem freudigen Trubel vergessen, sie am Dach zu befestigen – erinnerten an das stolze Bauwerk. Der nächtliche Gewittersturm hatte es weggeblasen. Da standen sie nun in der vom Gewitterregen gereinigten, klaren Luft des frühen Morgens und konnten das Geschehen nicht begreifen.

Das Wunderdach wurde dann noch gesehen, wie es in nördlicher Richtung davonsegelte. Alle Versuche, es wieder einzufangen, scheiterten. Als es die Nordsee erreichte, gab man die sinnlos gewordene Verfolgung auf.

Später hörte man, es sei im Norden Englands, nahe der schottischen Grenze, niedergegangen. Dort liegt es nun, schon bald mit Gras und anderen kleinen Pflanzen bewachsen, als getreues Ebenbild des Kreuzberges bei Lüttelborn.

16.

Für die Befürworter der Festspiele war das Gelingen dieser ungewöhnlichen Konstruktion, war dieses Wunderdach auch so etwas wie ein gewaltiger, persönlicher Schutzschild gegen die hämischen und oft sogar gehässigen Bemerkungen und Aktivitäten der Gegner des Projektes gewesen. Nichts von der erbitterten Feindschaft zwischen den Kritikern und den Befürwortern der Festspiele, die in den letzten Wochen das Leben in Lüttelborn bestimmt hatte, war an diesem Abend in der Dorfschänke mehr zu spüren. Bei dieser nächtlichen »Siegesfeier« waren alle gut gelaunt und versöhnlich gestimmt. Man habe ja eigentlich nie so richtig daran gezweifelt, sagten viele der Kritiker in entspannter Bierlaune, aber eine gesunde Skepsis wäre ja wohl angebracht gewesen und man freue sich jetzt natürlich und sehe guten Mutes dem großen Ereignis »Lüttelborner Beethoven-Festspiele« entgegen.

Aber, wie wir erfahren müssen, war dieser Friede sehr oberflächlich. Nach der vorher geschilderten nächtlichen Katastrophe brachen alle mühsam verschlossenen Wunden wieder auf. Das unglückliche Ereignis verursachte im Dorf Lüttelborn eine Stimmung zwischen Verzweiflung, Resignation und Aufsässigkeit. Jetzt hatten es plötzlich wieder alle gewusst, dass die Sache nicht gut ausgehen werde und die ganze Festspielidee sei überhaupt ein großer Schmarren. Der Architekt wurde beschimpft, der Bürgermeister mit dummen Fragen und sogar mit Drohungen attackiert und die Mitglieder des Gemeinderates mussten sich die schlimmsten Verhöhnungen gefallen lassen.

Schon am Nachmittag dieses verhängnisvollen Tages wurde eine Sitzung des Gemeinderates einberufen, die natürlich öffentlich war. Sie endete in der totalen Anarchie! Besonders der

Krumme Martin – so genannt wegen seines kleinen Buckels – tat sich hier hervor und meldete sich immer wieder zu Wort. Da seine stark übertriebenen Beschimpfungen lautstarken Beifall fanden, wurde er zunehmend dreister und entwickelte ein Rednertalent, das man ihm, dem kleinen, unbedeutenden Knecht auf dem Westermann-Hof, gar nicht zugetraut hätte. Schon bald war er der Wortführer der unzufriedenen Dörfler. Er genoss diese unverhoffte Rolle ganz offensichtlich.

Nachdem es dann sogar zu Prügeleien gekommen war, traten sowohl der Bürgermeister als auch die Mitglieder des Gemeinderates von ihren Ämtern zurück, was mit starken, geradezu gemeinen Beifallsäußerungen aufgenommen wurde. An Festspiele war nun überhaupt nicht mehr zu denken. All jene, die in der letzten Zeit die Festspielidee unterstützt hatten, mussten sich gehässige Bemerkungen gefallen lassen.

Das Haus des Bürgermeisters wurde in der folgenden Nacht mit schwarzer Farbe beschmiert. »Festspielintendant Georg Behringer« prangte dort in großen Buchstaben. Als Frau Behringer am Morgen in die Stadt zum Einkaufen fahren wollte, waren alle vier Reifen ihres Autos aufgeschlitzt.

Eines hatten die Lüttelborner jedoch erreicht: Ihr Dorf war in aller Munde! Sämtliche Zeitungen – sogar einige ausländische – berichteten über die Lüttelborner Ereignisse. Bald blockierten zahlreiche Autos mit Reportern sowie Übertragungswagen des Rundfunks und des Fernsehens die Straßen des kleinen Ortes.

Besonders das Haus des Bürgermeisters wurde regelrecht belagert. Den Höhepunkt der Unverschämtheit erlebten die Behringers, als plötzlich ein Reporter, mit einer großen Kamera bewaffnet, die Speichertreppe herunterkam. Er war auf das Dach geklettert und durch eine zufällig geöffnete Dachluke ins Haus gelangt. Behringer wurde darüber so wütend, dass er sich auf ihn stürzte, die Kamera zerstörte und den Mann mit einem brutalen Fußtritt aus dem Haus warf. Reporterschicksal.

Die Lage wurde zusehends unerträglicher. Am Abend, als es dunkel geworden war, gingen die Behringers in den Pferdestall, sattelten ihre Reitpferde und preschten im Galopp über die Felder davon. Sie wollten bei Freunden in der Stadt Unterschlupf finden, bis die Lage in Lüttelborn sich wieder beruhigt hatte. Als die Reporter die Flucht bemerkten, mussten sie tatenlos zusehen, denn mit ihren Autos konnten sie ja nicht querfeldein fahren.

Die Arbeit der Reporter von Presse, Rundfunk und Fernsehen wurde überhaupt zunehmend schwieriger, weil die ganze Dorfbevölkerung außer Rand und Band geraten war. Lange aufgestaute Unzufriedenheiten, die zumeist mit den aktuellen Problemen nicht das Geringste zu tun hatten, wie zum Beispiel Ärger über Behörden, über zu hohe Steuern, über zu niedrige Getreidepreise, über das Wetter, entluden sich in einen regelrechten Volksaufstand. Ansonsten recht vernünftige Frauen und Männer gebärdeten sich wie toll, stachelten sich gegenseitig zu immer sinnloseren Krawallen an, und in der Dorfschänke wurde dem Alkohol mehr zugesprochen als sonst bei Hochzeiten, Kindstaufen oder Beerdigungen zusammen. Alles, was auch nur den Anschein von Obrigkeit erweckte, war das Ziel des Volkszornes. So erging es den ehemaligen Mitgliedern des Gemeinderates, obwohl sie zurückgetreten waren, sehr schlecht. Als Bromme, immer noch im Glauben an seine Autorität, die Leute beruhigen wollte, wurde er von einer Gruppe junger Burschen verprügelt, und niemand rührte auch nur eine Hand, um ihm zu helfen. Nur mit Mühe konnte er sich retten und mit einem alten Fahrrad die Flucht ergreifen. Und das – wir erinnern uns – obwohl er doch eigentlich immer gegen Festspiele in Lüttelborn gewesen war.

Georg Behringer war inzwischen mit seiner Frau in der Stadt angekommen; aber es hatte bei ihrer Flucht einen unangenehmen Zwischenfall gegeben. Georg war ein guter Reiter, und auch seine Frau Vera hatte bald Spaß an der Reiterei gefunden, seitdem sie in Lüttelborn lebte. Sie saß recht sicher im Sattel. Aber der Ritt ging diesmal nicht über gepflegte Reitwege. Sie mussten Gräben und Zäune überspringen und es war dunkel und sie waren in Eile. Plötzlich hörte Georg, der voranritt, einen Schrei, wandte sich um und sah gerade noch, wie Vera vom Pferd stürzte. Sofort wendete er und ritt zu ihr zurück. Sie lag am Boden und hatte große Schmerzen. Georg sah bald, dass ihr linker Arm gebrochen war. Er schiente ihn provisorisch mit einer Zaunlatte, wie er es einmal in einem Kursus für erste Hilfe gelernt hatte, setzte Vera wieder aufs Pferd und führte es am Zügel bis in die Stadt, von der sie zum Glück nicht mehr weit entfernt waren. Dort gingen sie sofort in ein Krankenhaus. Als er im Wartezimmer saß, die Ärzte behandelten währenddessen Veras Arm, sah er im Fernsehen einen Bericht über die Eröffnung der Bayreuther Festspiele. Hätte er gewusst, was sich zu dieser Zeit in Lüttelborn ereignete, er wäre schnurstracks wieder in sein Dorf zurückgeritten.

Dort waren die Unruhen inzwischen eskaliert, und diese Nacht wurde die fürchterlichste in der Dorfgeschichte. Es ist unglaublich, welche kriminellen Energien sich unter dem Deckmantel der friedlichen dörflichen Ordnung im Verborgenen entwickelt hatten und bisher nur von der gewachsenen Autorität der Honoratioren unterdrückt worden waren.

Unter der lautstarken und autoritären Führung des Krummen Martin, der hier endlich einmal eine Gelegenheit fand, um die in vielen Jahren gewachsenen und unterdrückten Folgen seiner Minderwertigkeitskomplexe auszuleben und dem daraus resultierenden Hass auf die »Wohlhabenden« freien Lauf zu lassen, änderte sich binnen kürzester Frist das Verhalten der bis dahin eher etwas träge wirkenden Lüttelborner. Es war, als ob alle Menschen des Ortes plötzlich ihre Urteilsfähigkeit eingebüßt hätten. Das persönliche Verantwortungsbewusstsein war völlig ausgeschaltet. Jede innere Hemmung wurde von der Bereitschaft überwogen, ein Teil der entfesselten Masse zu sein. Längst stand das Geschehen in keinem Verhältnis mehr zu dem eigentlichen Anlass. Es herrschten in einem fürchterlichen Tohuwabohu nur noch die Gesetze des Terrors und des Wandalismus! Autos wurden zerstört, Traktoren umgeworfen, Viehställe aufgebrochen, Fensterscheiben eingeschlagen und Zäune zerstört, und jeder, der sich dem widersetzte, wurde erbarmungslos verfolgt.

Nur der Dumme Bernhard hatte einen Mordsspaß. Er lief jubelnd und tanzend umher, beteiligte sich auch in seiner ungeschickten Art hier und da an Zerstörungen, trieb das aus den geöffneten Ställen entflohene Vieh in die Felder und war wohl der fröhlichste Mensch im ganzen Ort. Keiner kümmerte sich um ihn.

Bis er dann auf einmal zwischen den tobenden Menschen umherlief und sein beliebtes Wort »Feuer!« schrie. Nun war man das – wie wir wissen – seit langem von ihm gewohnt. Darum nahmen die Leute es auch kaum zur Kenntnis. Darüber war der Dumme Bernhard sehr verärgert und er ging missmutig seiner Wege. Doch ehe die Umstehenden sich noch lange über das sonderbare Verhalten des Jungen auslassen konnten, erscholl plötzlich der Ruf: »Es brennt! Es brennt!« Dann sahen sie auch schon eine große Rauchsäule. Der Bromme-Hof stand in Flammen!

Diese Nachricht wirkte wie ein Schock. Die Leute vergaßen ihre persönlichen Fehden, ihren Ärger über den Fehlschlag mit dem Wunderdach und über die ganzen Festspielaktivitäten der letzten Zeit und reagierten auf einmal ganz logisch – sie riefen nach der Feuerwehr.

Auch der Dumme Bernhard hatte sich wieder zu den Leuten gesellt und war, wie es schien, sehr glücklich. Da ihn auch jetzt niemand beachtete, wandte er sich bald wieder ab und hüpfte, übermütig wie ein kleines Kind, durch die aufgeregten und wirr durcheinander laufenden Menschen davon, wobei er unartikulierte, sirenengleiche Laute in den höchsten Tönen von sich gab und dazwischen immer wieder »Feuer! Feuer!« rief.

Es dauerte nicht lange, da bemerkten die Lüttelborner eine zweite Rauchsäule. Genau am entgegengesetzten Ende des Dorfes. Als sie noch ratlos und erschrocken umherstanden, kam wieder der Dumme Bernhard angerannt. Glücklich jauchzend verkündete er noch einmal: »Feuer! Feuer!«

Bernhard meinte aber gar nicht den soeben bemerkten zweiten Brand, sondern lenkte die Aufmerksamkeit der Leute auf ein Haus am Dorfplatz, dort wo die Häuser dicht bei dicht standen und wo nicht viel Fantasie dazugehörte, um sich die Folgen auszumalen, wenn nicht sofort gelöscht würde.

Die Rufe nach der Feuerwehr und nach dem Brandmeister Bromme wurden darum immer lauter. Vor allem waren es die

Mitglieder der Freiwilligen Feuerwehr, die plötzlich ihr Pflicht-
bewusstsein wieder entdeckten und zu ihrem Gerätehaus eil-
ten, um die Feuerwehrspritze zu holen. »Lauf zu Bromme, er
soll dir den Schlüssel für das Gerätehaus geben«, sagte einer zu
seinem Nachbarn. Aber Bromme war nicht zu finden und sein
Hof stand in Flammen.

»Der Bürgermeister hat auch einen Schlüssel«, rief jemand.
»Und ein Telefon«, hörte man eine sich vor Angst und Verzweiflung überschlagende Stimme. »Er soll die Feuerwehr in
der Stadt alarmieren. Wir schaffen es nicht mehr alleine. Aber
beeil dich! Mach schnell!«

Inzwischen brannte es schon an sechs oder sieben Stellen.
Man konnte sich das gar nicht erklären. Das Feuer griff immer
schneller um sich, und das einzige Telefon des Dorfes – im Haus
des Bürgermeisters – war nicht zu erreichen. Der Behringer-
Hof brannte lichterloh, und die Schlüssel für das Gerätehaus
hatten der Brandmeister und Behringer, und beide waren nicht
zu finden. Es hätte wohl auch nichts mehr genutzt, denn der
Brand hatte sich bereits zu einem Großfeuer entwickelt. Das
ganze Dorf brannte. Häuser stürzten funkensprühend zusammen, die Leute liefen schreiend durcheinander und riefen nach
Bromme, nach dem Bürgermeister, nach der Feuerwehr und
mussten doch bald die Sinnlosigkeit aller Bemühungen einsehen. Lüttelborn war nicht mehr zu retten. Es brannte in wenigen Stunden völlig nieder. Nur die außerhalb gelegene kleine
Kirche und das daneben stehende Gerätehaus der Feuerwehr
blieben unbeschädigt.

Am Morgen danach, als alles vorüber war, standen die Mitglieder der Feuerwehr wieder einmal traurig vor ihrem Gerätehaus. Diesmal brauchten sie wenigstens nicht den Verlust ihrer teuren Spritze, ihrer Schläuche und der anderen Geräte zu
beklagen. Alles war noch unbeschädigt. »Ein Glück, dass wir
unser Gerätehaus so weit außerhalb gebaut haben«, sagte jemand. »Sonst wäre jetzt wieder alles hin.«

Keiner von ihnen bemerkte den Pfarrer, der langsam aus den
Trümmern des niedergebrannten Dorfes heraustrat. In seiner
rechten Hand trug er den Käfig mit der Spinne Arachne und in

seiner Linken hatte er ein kleines Tonbandgerät. Er war zwei Tage zuvor nach München gefahren, um dort seine Spinne zu holen. Da Arachnes Mutter trotz intensivster Bemühungen immer noch keinen Weg zur Überwindung der Rückverwandlungssperre ihrer Tochter gefunden hatte und weil in absehbarer Zeit auch keine Lösung dieses Problems zu erhoffen war, hatte Arachne den Wunsch geäußert, wieder zurück zu ihrem Pfarrer gebracht zu werden. Dafür hatten alle Verständnis. Bodenlos war darum nach München gefahren, um Arachnes Wunsch zu erfüllen. So erfuhr er von dem Unglück erst, als er im Bahnhof des Nachbardorfes aus dem Zug stieg und der Bahnhofsvorsteher ihm ganz aufgeregt von der Feuersbrunst in Lüttelborn berichtete.

Der Pfarrer verweilte einen Augenblick bei den Männern, die ihn und seine Spinne aber gar nicht beachteten. Dann ging er langsam und tief gebeugt in seine Kirche. Der Spinne Arachne den Verlust ihrer Spinnensammlung durch das Großfeuer mitzuteilen, würde eine traurige Aufgabe werden.

Kurz danach gesellte sich auch der Dumme Bernhard zu den Feuerwehrleuten. Er war ungewöhnlich ruhig und spielte mit einer noch halb gefüllten Streichholzschachtel. Es waren große Streichhölzer, wie man sie zum Anzünden von offenen Kaminen verwendet.

17.

Mehrere Jahre waren vergangen, seitdem das Dorf Lüttel-born vollständig abgebrannt war. Nur die kleine Kirche und das Gerätehaus der Feuerwehr hatten den Brand unbeschadet überstanden. Von den anderen Gebäuden sah man entweder nur noch verkohlte Ruinen, oder sie waren vollständig zusammengebrochen. Die Bewohner Lüttelborns hatten das Dorf verlassen und wohnten bei Verwandten oder Bekannten. Viele waren auch spurlos verschwunden. Es hatte aber bei dem Unglück keine Toten gegeben.

An einen Wiederaufbau des Dorfes war nicht zu denken. Es gab große finanzielle Probleme. Entweder waren viele Bauern nicht ausreichend versichert, oder die Versicherungen versuchten durch Hinhaltetaktiken ihren Verpflichtungen zu entgehen. Schließlich handele es sich ja hier nicht um einen Großbrand, so argumentierten sie, sondern um die Einäscherung eines ganzen Dorfes. Ein Ereignis, welches in Friedenszeiten ohne Beispiel sei. Man sprach von höherer Gewalt oder unterstellte den Dorfbewohnern gar Selbstverschulden. In langen Schriftwechseln zwischen den Rechtsvertretern der Versicherungen, den zuständigen Behörden und den Anwälten der Bauern entstand eine Situation der Rechtsunsicherheit und der Verwirrung, die kaum noch zu durchschauen war. Aber was auch immer die wirklichen Gründe sein mochten – das Dorf lag auch viele Jahre nach dem Unglück noch öde und verlassen da.

Doch dann geschah etwas Ungewöhnliches: Es war während der Sommerzeit, als eines Tages ein paar Leute mit Koffern und Rucksäcken kamen, die Überreste des Dorfes Lüttelborn durchsuchten und sich dann in den noch erhaltenen Kellern oder zwischen verrußten Mauern niederließen. Sie hatten Schaufeln und Spitzhacken dabei, auch Zelte, Schlafsäcke und Proviant und richteten sich, so gut es ging, für einen längeren Aufenthalt ein. Es waren nicht nur jüngere Leute, Abenteurer oder so genannte »Aussteiger«, die sich dieses sonderbare Trümmerfeld des ehemaligen Lüttelborn als Aufenthaltsort ausgesucht hatten. Nein, ganz normale, seriöse Menschen aller Altersgruppen waren es, die zu Fuß, mit Fahrrädern, Motorrädern oder auch mit Autos anreisten. Sie bevölkerten den wüsten Platz wie eine Gruppe von Schauspielern, die auf der Bühne in einer trostlosen Kulisse den Zuschauern das Leben nach einer Kriegs- oder Nachkriegskatastrophe deutlich machen wollen.

Unter ihnen war auch Professor Dominik Ante-Ojera. Er war dreiundsechzig Jahre alt und betreute an der Musikhochschule eine Geigenklasse. Ante-Ojera war das, was man einen sesshaften Menschen nennt. Alle wichtigen Ereignisse seines Lebens – Geburt, Schule, Studium, Beruf – hatten sich, mit wenigen Ausnahmen, in einem einzigen Raum ereignet.

Dazu muss man wissen, dass es an einer deutschen Musikhochschule Lehrer gibt, die nur Lehrer sind. Sie lehren das, was sie von ihren Lehrern, die auch nur Lehrer waren, gelernt haben und glauben dabei, ihre Schülerinnen und Schüler auf einen Beruf vorbereiten zu können – im Falle des Ante-Ojera war es der Beruf des Orchestermusikers –, den sie selbst nie ausgeübt haben. Manchmal gelingt das sogar, woran man sehen kann, dass unsere Welt immer noch voller Wunder ist.

Es gibt wohl nur wenige Menschen, die so standhaft den Verlockungen beruflicher Veränderungen widerstanden haben wie Professor Ante-Ojera. Er wurde geboren und blieb zumeist da, wo er war, nämlich in dem Raum 320 des Marienkrankenhauses. Allerdings musste er schon bald nach seiner Geburt vorübergehend einen für seine Verhältnisse bedeutenden Ortswechsel vornehmen. Zusammen mit seiner Mutter wurde er nämlich in die elterliche Wohnung gebracht, die etwa achthundert Meter vom Marienkrankenhaus entfernt war. Für ein neugeborenes Kind wahrlich eine große Reise.

Das Schicksal meinte es aber gut mit ihm. Als er im Alter von drei Jahren den Kindergarten besuchen durfte, hatte die evangelische Kirche kurz zuvor das Marienkrankenhaus erworben und darin eine Schwesternschule eingerichtet, der auch ein Kindergarten angeschlossen war. Diese Kindertagesstätte befand sich sinnigerweise in dem ehemaligen Kreißsaal – Raum 320 –, in welchem unser Freund das Licht der Welt erblickt hatte.

Doch damit nicht genug. Einige Jahre später kaufte die Stadt das Gebäude und baute es zu einer Gesamtschule um. Dominik Ante-Ojera lernte fortan im Raum 320 das Schreiben, Rechnen und Lesen. Mehrere Umbauten im Laufe der Jahre führten dazu, dass Dominik auch den größten Teil seiner Gymnasialzeit in diesem Raum verbrachte.

Nachdem Ante-Ojera das Abitur gemacht hatte – die meisten Prüfungen fanden im Raum 320 statt –, ging das Anwesen in den Besitz des Landes über und wurde der unter Raumnot leidenden Musikhochschule zur Verfügung gestellt. Dominik studierte dort im Hauptfach Violine, nachdem er bei der Aufnahmeprüfung – im Raum 320 – die Professoren von seiner enormen Begabung überzeugt hatte. Der Unterrichtsraum seines Geigenlehrers war, wie könnte es anders sein, ebenfalls der Raum 320.

Nach sechs Jahren machte Dominik ein hervorragendes Examen. Danach wurde er Assistent seines Lehrers und einige Zeit später sogar dessen Nachfolger als Professor für Geige an der Musikhochschule.

Nun unterrichtet Professor Dominik Ante-Ojera seit mehreren Jahrzehnten selbst im Raum 320 und bildet Orchestermusiker aus. In seiner Jugend hatte er mehrmals ein Sinfoniekonzert besucht.

Er war nicht verheiratet und kam alleine mit seinem alten Volkswagen nach Lüttelborn. Außer seiner Geige hatte er nur wenig Gepäck dabei. Ein noch ziemlich gut erhaltenes Kellergewölbe erschien ihm als Unterkunft geeignet. Nachdem er den Eingang freigeschaufelt hatte, kroch er mit seinen wenigen Habseligkeiten hinein, pumpte seine Luftmatratze auf und legte sich mit einem Seufzer der Zufriedenheit nieder. Hier würde er die nächsten Wochen ruhig und friedlich verbringen können, dachte er.

Als er sich etwa eine Stunde ausgeruht hatte stand er auf, packte seine Geige aus und begann ein Violinkonzert von Mozart zu spielen. Die Akustik in dem Gewölbe war zwar etwas hallig, aber das störte ihn nicht so sehr. Mit geschlossenen Augen stand er da und entlockte seinem Instrument die wundervollsten Töne, sah sich im Geiste als Solist in einem bis auf den letzten Platz von andächtig lauschendem Publikum besetzten, prächtigen Konzertsaal, begleitet von einem der besten Orchester der Welt. Dominik war so glücklich wie schon seit langem nicht mehr.

Er war so mit seinem Spiel und mit seiner Fantasie beschäftigt, dass er gar nicht bemerkte, wie ein Mann in den Keller kam. Hermann Kohler, so hieß der Besucher, hatte zunächst seinen Ohren nicht trauen wollen, als er durch das verbrannte und verrußte ehemalige Dorf spazierte und plötzlich die Töne einer Violine hörte. Und welche Töne! Ein Meister war hier am Werke! Aber wo war der Künstler? Herr Kohler lauschte angestrengt, um den Ort dieses sonderbaren Konzertes zu lokalisieren; doch immer, wenn er glaubte die Stelle gefunden zu haben, sah er nur verkohlte Holzbalken und Schutthaufen. Die Töne schienen aus der Erde zu kommen. Endlich, nach mehrmaligen Fehlversuchen, hatte er das Rätsel gelöst – aus einem kaum erkennbaren Erdloch drangen die Geigentöne ins Freie. Zögernd und unsicher ging er näher und konnte sich gar nicht vorstellen, unter diesem Schutthaufen aus Asche, Mauerresten und geborstenen Glasscheiben einen Künstler zu finden, der die Geige spielte. Wie er aber bald bemerkte, war dieses Loch der Eingang zu einem noch recht gut erhaltenen Keller. Vorsichtig ging er die nur noch zum Teil vorhandene Steintreppe hinunter. Dann sah er ihn!

Herr Kohler wollte es zunächst nicht glauben. Es muss eine Täuschung sein, dachte er, hervorgerufen durch das diffuse Licht, das durch eine kleine Öffnung in der rechten Wand hereindrang und den Raum auch am hellen Tag nur sehr spärlich beleuchtete. Langsam, Schritt für Schritt, ging er auf den Mann zu, der in der Mitte des Kellers stand und selbstvergessen den ersten Satz des G-dur Konzertes von Mozart spielte. Hermann Kohler hatte in seinem Leben schon viele Konzerte gehört und war durch seinen Beruf als Musikkritiker gewiss auch schon etwas abgestumpft. Wenn man täglich Konzerte oder Opern besuchen muss und auch noch darüber schreiben soll, dann lässt man sich nach etlichen Berufsjahren nicht mehr so leicht von Emotionen überwältigen. Dann bemerkt man Fehler oder musikalische Inkompetenz viel schneller als das gewöhnliche Publikum. Doch hier geschah etwas Neues, etwas Ungewöhnliches, ja, Großartiges. Im feuchten, dunklen Keller einer zerstörten Siedlung, unter Trümmern, die immer noch den Brandgeruch der vergangenen Katastrophe verbreiteten, hier erklang eine der großartigsten Kompositionen. Hermann Kohler hatte nach vielen Jahren endlich wieder einmal ein echtes musikalisches Erlebnis. Die Situation war für ihn so ungewöhnlich, dass er Tränen der Ergriffenheit kaum noch unterdrücken konnte.

Hermann Kohler stand da und lauschte, hörte tatsächlich nur die Musik, ohne dabei schon an Urteile und Formulierungen zu denken, ohne die Geißel des Redaktionsschlusses zu spüren. Er fühlte sich zurückversetzt in seine Jugend, als er Opern und Konzerte besucht hatte und danach oft innerlich so aufgewühlt, so im wahrsten Sinne des Wortes von dem Gehörten ergriffen war, dass er noch stundenlang durch die stillen Straßen der nächtlichen Stadt laufen musste, bevor er sich wieder so weit gefangen hatte, um nach Hause in seinen Alltag zurückkehren zu können.

Hermann Kohler stand da und lauschte. Er dachte an die Kämpfe mit seinem Vater, der ihm das so sehr gewünschte Musikstudium versagt hatte. »Spiele meinetwegen so viel auf der Geige, wie du willst«, waren seine Worte gewesen, »aber tu es zu deinem Vergnügen und ergreife einen soliden Beruf!« Ihm fehlte damals die Kraft, um sich dagegen zu wehren. Er studierte Jura. Sogar ziemlich erfolgreich. Doch die Musikbegeisterung beeinflusste auch weiterhin sein Leben ganz entscheidend. Er begann Kritiken zu schreiben. Zunächst für kleine Zeitungen. Seine Arbeiten fanden in den Redaktionen Beifall. Da er im Laufe der Jahre durch seine ständigen Konzert- und Theaterbesuche über große Literaturkenntnisse verfügte, fast das gesamte gängige Repertoire der Konzertveranstalter und der Opernhäuser kannte und auch um die Vorzüge und um die Schwächen vieler Sänger, Instrumentalisten und Kapellmeister wusste, war er bald in der Lage, seine Kritiken schon zu schreiben, bevor das Ereignis stattgefunden hatte. Das hatte den Vorteil, nicht so sehr unter Zeitdruck arbeiten zu müssen. Die geringfügigen Änderungen, die ihm manchmal nach den Vorstellungen oder Konzerten notwendig schienen – was sehr selten vorkam – konnte er dann leicht im Taxi auf der Heimfahrt vornehmen.

Hermann Kohler stand da und lauschte. Jetzt erkannte er den Künstler – es war Professor Ante-Ojera. Der Kritiker Hermann Kohler hatte in der Vergangenheit allerdings nur sehr selten Gelegenheit gehabt, über ihn zu schreiben, denn der Professor sah seine Aufgabe lediglich im Unterrichten. Auf öffentliche Auftritte mit all ihren Risiken hatte er schon seit vielen Jahren weise verzichtet.

Hermann Kohler traute sich nicht, den Professor bei seinem Spiel zu unterbrechen. So stand er da und wartete. Dann war der erste Satz des Konzertes zu Ende. Ante-Ojera setzte langsam die Geige ab und ließ beide Arme sinken. Den Kopf leicht gesenkt, die Geige in seiner linken und den Bogen, dessen Spitze fast den Boden berührte, in der rechten Hand, atmete er tief ein und aus. Als er sich anschickte den zweiten Satz zu beginnen und langsam sein Instrument wieder ansetzen wollte, sagte Hermann Kohler leise: »Guten Tag, Herr Professor.«

Dominik drehte sich mit einem Ruck um und sah Kohler ungläubig an. Dann sagte er: »Wie kommen Sie denn hierher?«

»Wahrscheinlich auf dem gleichen Weg wie Sie auch«, antwortete Kohler.

Der Professor schien Kohler nicht zu verstehen und war über dieses Zusammentreffen zutiefst erschrocken. Er kannte Kohler seit vielen Jahren und war, wie für einen ausübenden Künstler selbstverständlich, mit seinen Kritiken nicht immer einverstanden gewesen.

»Ich meine …« Dominik war ganz verwirrt. »Ich meine«, begann er noch einmal, »warum sind Sie hier?«

»Weil ich meine Ruhe haben will.«

»Ich verstehe Sie nicht. Jetzt, während der Festspielzeit, da können Sie sich doch nicht einfach zurückziehen, da gibt es doch für Sie genug zu tun.«

»Ich sagte doch, ich will meine Ruhe haben.«

»Heißt das, Sie wollen während der ganzen sommerlichen Festspielzeit hier bleiben?«

»Ja, so ist es«, antwortete Kohler.

»Sie besuchen keine Festspiele?«

»Nein«, war die kurze Antwort. Kohler setzte sich auf die Luftmatratze des Professors, ohne dass der ihn dazu aufgefordert hätte. »Aber was ist mit Ihnen? Warum haben Sie sich hier verkrochen?«

Dominik Ante-Ojera legte mit langsamen Bewegungen sein Instrument in den Geigenkasten. Dabei sagte er leise: »Auch ich will meine Ruhe haben.« Dann richtete er sich auf und sprach laut und böse: »Ich kann diesen sommerlichen Festspieltrubel einfach nicht mehr ertragen. Wo man auch hinkommt, wird von irgendwelchen so genannten Festspielen geredet.« Affektiert äffte er imaginäre Gesprächspartner nach: »Waren Sie in diesem Jahr auch wieder bei den Lutzhausener Festwochen? – Lieber Professor, im nächsten Jahr müssen wir uns aber unbedingt wieder bei den Rommershausener Trompetentagen treffen! – Warum sieht man Sie überhaupt nicht mehr bei den Brühlstätter Opernfestspielen? – und so fort. Selbst mit den Studenten kann man in diesen Monaten über nichts anderes mehr reden als über Klarinettentage in Donnerberg, Violinseminare im Zusammenhang mit den Westerwaldfestspielen oder über den Gesangswettbewerb am Rande der Operettenfestspiele in Bad Krähenhorst. Als ob es auf der Welt nichts anderes mehr gäbe. Dabei ist die künstlerische Qualität an manchen Orten durchaus jämmerlich, was dann hinter der hochtrabenden Bezeichnung ›Festspiele‹ versteckt werden soll.«

Kohler lachte und schlug sich auf die Schenkel. »Das ist großartig«, sagte er, erhob sich und ging auf den Professor zu, legte ihm vertraulich seinen Arm um die Schulter und wiederholte: »Das ist großartig. So temperamentvoll habe ich Sie ja noch nie erlebt.« Dann wandte er sich ab, ging ein paar Schritte durch den halbdunklen Keller und sagte leise: »Mir geht es genauso. Können Sie das verstehen? Ich will wenigstens ein Jahr pausieren, wenigstens ein Jahr.« Und sehr ernst, kaum hörbar, fügte er hinzu: »Ich kann einfach nicht mehr.«

»Ja, es ist etwas zu viel geworden«, bemerkte Dominik, nun wieder in gewohnter Ruhe.

Kohler nickte beifällig mit dem Kopf und sagte: »Es gibt doch keine Stadt und kaum eine Gemeinde mehr ohne Festspiele. Der einzige Ort weit und breit, wo man diesem Treiben entgehen kann, ist das abgebrannte Lüttelborn.«

»Sie haben Recht«, pflichtete Ante-Ojera ihm bei, »aber was können wir zwei dagegen schon unternehmen? Wir müssen einfach fliehen. Das ist der einzige Ausweg.«

»Mein lieber Professor«, belehrte Kohler ihn, »es sind nicht nur wir beide. Ich weiß nicht, wie lange Sie schon hier sind …«

»Ich bin vor ungefähr anderthalb Stunden erst angekommen«, unterbrach der Professor ihn.

»Dann haben Sie sicher auch noch nicht bemerkt, dass viel mehr Leute hier sind. Und zwar aus den gleichen Gründen wie wir.«

»Was sagen Sie da?«

»Ja, so ist es. Wissen Sie, wer auch hier ist?«

»Wer denn?«

»Nannsinger.«

»Nannsinger?«, fragte Dominik ungläubig. »Nannsinger, der Bürgermeister von …«

»Derselbe. Und sein Kulturreferent, Dr. von Wetzenstein.«

»Der auch?«

»Der auch. Offiziell ist er krank. Emil Grünling ist auch hier.«

»Der Komponist Emil Grünling?«

»Ja.«

»Von ihm wird doch bei den Festspielen für zeitgenössische Musik in Bimmersheim eine Sinfonie uraufgeführt. Es war sogar ein Kompositionsauftrag, wenn ich mich recht erinnere.«

»Sie erinnern sich recht.«

»Er ist hier? Er fährt nicht nach Bimmersheim?«

»Nein, er ist hier. Und aus den gleichen Gründen wie Sie und ich.«

»Und seine Sinfonie? Will er die nicht wenigstens hören?«

»Nein. Ihm genügt das Honorar.«

Nun schwiegen beide. Dominik Ante-Ojera konnte das alles nicht begreifen. Bisher hatte er sich als Außenseiter gefühlt, als psychisch nicht ganz in Ordnung, weil er, wie er meinte, als Einziger den sommerlichen Festspieltrubel nicht mehr ertragen konnte. Nun musste er zu seiner Überraschung – oder auch zu seiner Beruhigung – feststellen, dass es vielen Menschen, sogar bedeutenden, kulturell interessierten Menschen, genauso erging wie ihm. Irgendetwas stimmte nicht mehr.

In seinen Überlegungen wurde er durch die Frage Kohlers unterbrochen: »Wissen Sie eigentlich, dass es hier auch einen ständigen Bewohner gibt?«

»Sie meinen, es gibt einen Menschen, der immer hier lebt?«

»Ja, das meine ich.«

»Das kann ich mir nicht vorstellen.«

»Es ist aber so. Ich habe ihn gestern getroffen. Ein sehr seltsamer Mann.«

»Wo hat er denn Unterschlupf gefunden?«

»In der Kirche.«

»In welcher Kirche?«

»In der Kirche von Lüttelborn natürlich. Sie ist bei dem Brand vor vielen Jahren nicht zerstört worden. Die Kirche und das Gerätehaus der Feuerwehr wurden vom Feuer verschont, weil sie außerhalb des Dorfes standen.«

»Die beiden Gebäude habe ich noch gar nicht gesehen.«

»Das Gerätehaus ist gut verschlossen. Keiner kann hineingelangen. Aber in der Kirche wohnt ein Mann.«

»Wissen Sie auch, wer es ist?«

»Ja, der ehemalige Pfarrer von Lüttelborn. Er hat den sonderbaren Namen Bodenlos.«

»Nie gehört. Er wohnt dort ganz alleine?«

»Nein, nicht ganz alleine.«

»Sondern?«

»Er lebt mit einer Spinne zusammen.«

»Mit einer Spinne?«

»Ja.«

»Ich bin sicher, auch ich lebe hier mit einer oder gar mit mehreren Spinnen zusammen. Spinnen sind doch überall. Sie sollen sogar sehr nützlich sein.«

»Bei der Spinne des Pfarrers handelt es sich aber um ein sehr außergewöhnliches Exemplar.«

»Was ist denn daran so außergewöhnlich?«

»Ihre Größe.«

»Es ist also eine sehr große Spinne?«

»Ja.«

»Wie groß?«

»Fünfundzwanzig oder dreißig Zentimeter etwa.«

»Nun halten Sie mich aber zum Narren.«

»Ich habe sie selbst gesehen. Der Pfarrer trägt sie immer mit sich herum. In so einer Art Käfig.«

Bevor Ante-Ojera noch mehr Fragen zu dieser sonderbaren Spinne stellen konnte, forderten mehrere Stimmen, die von außen in den Keller drangen, seine Aufmerksamkeit. Auch Kohler hatte sie gehört und blickte gespannt zum Ausgang. Zwar etwas gedämpft, aber immer noch gut verständlich, vernahmen sie die Unterhaltung zweier Männer.

»Es besteht also eine zuverlässige Tendenz«, hörten sie eine bellende, militärisch klingende Stimme, »dass viele Leute, auch aus den gebildeten Schichten, sich hierher zurückziehen, um den sommerlichen Festspielen zu entgehen?«

»So ist es«, antwortete ein anderer, etwas unterwürfig. »Ich beobachte es schon seit langer Zeit. Es werden immer mehr. Sie verkriechen sich hier, um ihre Ruhe zu haben.«

»Interessant, sehr interessant«, war die bellende Antwort. »Daraus könnte man etwas machen.«

»Ganz sicher könnte man das«, erwiderte der Unterwürfige.

Die folgende Unterhaltung konnten sie nicht mehr verstehen, weil die Männer sich zu weit entfernt hatten.

»Wer war denn das?«, fragte Ante-Ojera.

Kohler zuckte mit den Schultern. »Ich weiß es nicht«, sagte er.

18.

Die Männer, die an diesem Tag durch die Trümmer des ehemaligen Dorfes Lüttelborn gingen, waren der Immobilienmakler Adam Rosendorf und sein Assistent Josef Brunner. Dieser hatte durch Zufall von der recht seltsamen Besiedlung des Ruinendorfes erfahren. Neugierde und berufliches Interesse hatten ihn veranlasst, sich dort einmal umzusehen. Nach seinem ersten Besuch in Lüttelborn vor einigen Tagen war er von der Möglichkeit überzeugt, hier geschäftlich aktiv werden zu können. Er berichtete seinem Chef davon, der sich jedoch vor einer Entscheidung selbst von der Situation in Lüttelborn überzeugen wollte.

Nun war er also mit Josef Brunner hier und fand die Angaben seines Assistenten bestätigt. Es gelang ihm sogar, mit einigen der sonderbaren Bewohner zu sprechen, wenn er dabei auch gewisse Schwierigkeiten überwinden musste, denn die meisten, vor allem die populären Leute, wollten hier anonym bleiben, was ja auch verständlich ist.

Herr Rosendorf war sehr beeindruckt, doch als vorsichtiger Geschäftsmann wollte er zunächst einmal mit dem Bau einer Pension testen, ob sich Lüttelborn für das von Herrn Brunner vorgeschlagene besondere Ferienprogramm auch wirklich eignen würde.

Es war nicht sehr schwierig, einem ehemaligen Bewohner des Dorfes seinen nun ziemlich wertlos gewordenen Besitz abzukaufen, war der Mann doch durch den fast aussichtslos erscheinenden Kampf mit der Versicherung zermürbt und darum gerne bereit, auf diesem Wege einen finanziellen Schadensausgleich zu akzeptieren.

Alle Menschen, die von dem Plan des Adam Rosendorf erfuhren – vor allem seine Berufskollegen –, wunderten sich darüber und prophezeiten ihm eine große Enttäuschung. Doch sie irrten sich gewaltig. Rosendorf baute zunächst am Rande des Trümmerfeldes eine recht hübsche Pension für fünfundzwanzig bis dreißig Gäste. Noch während der Bauarbeiten erschien im Laufe des Winters in vielen großen Zeitungen die Anzeige: »Suchen Sie im nächsten Sommer Ruhe und Entspannung? Kommen Sie zu uns nach Lüttelborn, der einzigen garantiert festspielfreien Zone Deutschlands!« Daraufhin war die Pension in wenigen Tagen ausgebucht.

Dieser Erfolg, der die Beurteilung des Herrn Brunner bestätigte, veranlasste Adam Rosendorf, nun sofort aktiv zu werden und seinen großen Plan zu verwirklichen. Zusammen mit einer finanzkräftigen japanischen Agentur erwarb er das ganze Lüttelborn. Bis zum Sommer, als die ersten Gäste in der Pension eintrafen, war von dem Dorf nichts mehr zu sehen. Der ganze Ort, vielmehr die Ruinen des ganzen Ortes, waren eingeebnet. Nur die kleine Kirche, das Gerätehaus der Feuerwehr und natürlich die neu erbaute Pension standen am Rande einer großen, fast kreisrunden Fläche, die an Stelle des ehemaligen Dorfes entstanden war. Sie hatte einen Durchmesser von mehreren hundert Metern und bot durch ihre rote Färbung einen ganz eigenartigen Anblick. Man hatte nämlich die bei dem Abbruch der Ruinen anfallenden Ziegelsteine zu einem roten Mehl gemahlen und die weite Fläche damit regenfest gemacht. Ziemlich in der Mitte war ein Hubschrauberlandeplatz eingezäunt, denn Adam Rosendorf und seine japanischen Geschäftspartner liebten es nicht, mit dem Auto zu diesem abgelegenen Ort zu fahren.

Die Entwicklung war nun nicht mehr aufzuhalten. Rund um diesen roten Platz, den sie scherzhaft »Kurpark« nannten, standen schon wenige Jahre später mehrere große Hotels, die sogar – selbst zur Überraschung des Adam Rosendorf – während des ganzen Jahres ständig belegt waren. Wenn auch die Festspielinflation im Sommer ihren Höhepunkt erreichte, so war doch die übrige Zeit des Jahres schon längst nicht mehr ganz festspielfrei, und die Tendenz ging eindeutig in Richtung ganzjähriger

Festspiele. Das zuerst sehr riskant erscheinende Projekt »Festspielfreie Zone Lüttelborn« war schon bald, allen Unkenrufen zum Trotz, ein sicheres Geschäft geworden. Auf Vorschlag des Herrn Brunner und im Einvernehmen mit seinen Geschäftspartnern beschloss Adam Rosendorf den Namen »Lüttelborn« offiziell in »Neu-Lüttelborn« zu ändern.

Der Pfarrer Bodenlos hatte sich zunächst um die Aktivitäten des Adam Rosendorf und seiner Partner nicht gekümmert. Er lebte zurückgezogen in seiner Kirche, die er im Laufe der Zeit recht wohnlich eingerichtet hatte, und beschäftigte sich mit der Arachnologie. Er wurde dabei von der Hoffnung beflügelt, doch eines Tages hinter das Geheimnis der Rückverwandlungssperre seiner geliebten Arachne zu kommen.

Als Rosendorf von der Existenz des Pfarrers erfuhr, war er sehr überrascht. Er hatte nicht gedacht, hier noch einen »Ureinwohner« des alten Lüttelborn zu finden. Sofort baute er ihn in sein Konzept »Festspielfreie Zone Neu-Lüttelborn« ein und machte dem Pfarrer den Vorschlag, die Kirche wieder ihrer ursprünglichen Bestimmung zuzuführen. Als Gegenleistung bot er ihm eine Wohnung in einem der neuen Hotels an, die groß genug war, um seinen wissenschaftlichen Forschungen auf dem Gebiet der Arachnologie nachgehen zu können. Er müsse lediglich alle vierzehn Tage in seiner alten Kirche einen Gottesdienst abhalten. Bodenlos war nach kurzem Nachdenken damit einverstanden, zumal damit keine weiter gehenden seelsorgerischen Aufgaben verbunden waren. Schon bald bezog er eine Suite im vierzehnten Stock des »Heidehofes«.

Kurze Zeit, nachdem Bodenlos sein neues Domizil bezogen hatte, gab es einen unangenehmen Zwischenfall. Eines Tages kam ganz überraschend der Lehrer Dohler mit seinem Sohn Bernhard, um den Pfarrer zu besuchen. Die anfängliche Freude über dieses unverhoffte Wiedersehen wurde jedoch schon bald getrübt, als Bernhard die Spinne Arachne sah. Mit lautem, unartikuliertem Gebrüll wollte er sich auf sie stürzen und hätte ihr wohl auch großen Schaden zugefügt oder sie gar getötet, wenn sein Vater ihn nicht daran gehindert hätte.

Bodenlos brachte die Spinne dann ins Nebenzimmer, und

Bernhard beruhigte sich bald wieder. Dohler war natürlich sehr überrascht, eine so große Spinne zu sehen. Er musste an die Erzählungen seines Sohnes denken, die er bisher nie sehr ernst genommen hatte. »Es gibt sie also doch«, sagte er. »Ich habe bisher gedacht, sie habe nur in der Fantasie meines Sohnes existiert.«

Der Pfarrer war versucht, seinem Freund die Wahrheit über diese ungewöhnliche Spinne zu sagen, doch er tat es dann doch nicht. »Ja, es gibt sie«, bestätigte er nur. »Allerdings gibt es davon, zumal in unseren Breiten, nur wenige Exemplare. Ich hoffe, bald weitere Erkenntnisse über diese seltene Spezies zu erlangen. Wie du siehst«, er deutete auf seinen mit Papieren überladenen Schreibtisch, »beschäftige ich mich seit längerer Zeit mit der Arachnologie. Es ist eine sehr interessante Wissenschaft.«

»Das glaube ich gerne«, sagte Dohler. Dann fuhr er fort: »Kann es sein, dass diese große Spinne nur sieben statt acht Beine hat? Mir war, als ob ich das Fehlen eines der vorderen Beine bemerkt hätte. Ich kann mich natürlich auch irren.«

»Nein, du irrst dich nicht«, antwortete Bodenlos. »Sie hat nur sieben Beine. Es geschieht manchmal, dass Spinnen ein Bein – hin und wieder sogar auch mehrere – bei irgendwelchen Aktivitäten, sei es nun beim Begattungsakt oder bei der Nahrungssuche, verlieren. Bei einigen Arten sollen die Glieder dann wieder nachwachsen, wie ich gelesen habe. Bei Arachne, ich meine bei meiner Spinne, ist das ganz offensichtlich nicht der Fall, denn das Bein fehlt ihr schon etliche Jahre.«

»Das ist ja interessant«, sagte Dohler nachdenklich. »Wirklich sehr interessant.«

Nun entstand eine Gesprächspause. Der Dumme Bernhard blätterte ungewöhnlich interessiert in einem großen Bildband, den er auf dem Schreibtisch des Pfarrers gefunden hatte. Es waren sehr schöne farbige Photographien von allen möglichen Spinnen, zum Teil stark vergrößert. Bernhard war davon ganz begeistert und kommentierte seine Eindrücke mit immer lauter werdendem Gekreische, Gejohle und Gequietsche, was den Pfarrer schließlich veranlasste, ihm das Buch sanft, aber bestimmt wegzunehmen. Bernhards Protest wurde von seinem Vater mit einigen strengen Worten unterdrückt. Dann setzte der Junge sich ruhig in einen Sessel und störte fortan nicht mehr.

»Warum seid ihr eigentlich nach Lüttelborn, Verzeihung, ich meine nach Neu-Lüttelborn gekommen? Willst du wieder hier wohnen?«, fragte der Pfarrer.

»Nein, das habe ich nicht vor. Ganz im Gegenteil. Ich habe ein Angebot bekommen, als Lehrer an einer deutschen Schule in Spanien zu arbeiten. Am Colegio Alemán in der Nähe von Marbella. Das möchte ich gerne annehmen. Doch für Bernhard wäre ein solcher Ortswechsel nicht gut. Ich will versuchen, ihm in einem der neuen Hotels hier eine Beschäftigung und eine Unterkunft zu besorgen.«

»Das wird sicher möglich sein«, sagte der Pfarrer. »Sie suchen hier immer noch Personal. Gewiss auch für Arbeiten, die Bernhard ausführen kann. Ich werde dir dabei helfen, denn ich kenne Adam Rosendorf recht gut.«

»Das ist sehr nett von dir.«

»Was ist eigentlich aus den anderen geworden? Hast du noch Kontakt zu unseren ehemaligen Lüttelborner Mitbürgern?«, fragte Bodenlos.

»Nein, schon lange nicht mehr.«

Sie redeten dann noch eine Zeit lang über alles Mögliche und tauschten Erinnerungen aus, wobei der Pfarrer bemüht war, das Thema Spinnen zu vermeiden.

19.

Viele Jahre waren vergangen. Neu-Lüttelborn war ein international begehrter Platz der Ruhe und Erholung geworden. Immer mehr »Kulturflüchtlinge«, wie die Gäste des Ortes sich selbst nannten, kamen alljährlich hierher, um eine Zeit lang ohne Musik und Theater, ohne Literatur, ohne Zeitungen und Zeitschriften, ohne Radio und Fernsehen zu leben.

Der Pfarrer Bodenlos wurde von Jahr zu Jahr wunderlicher. Wie vereinbart, hielt er zwar alle zwei Wochen in der kleinen Kirche einen Gottesdienst ab, war aber darüber hinaus bemüht, wenn irgend möglich jeden Kontakt mit anderen Menschen zu vermeiden. Er war inzwischen ein großer Fachmann auf dem Gebiet der Arachnologie geworden. Mehrere Veröffentlichungen von ihm hatten weltweite Anerkennung gefunden. Doch sein eigentliches Ziel, einen Weg zur Überwindung der Rückverwandlungssperre Arachnes zu finden, hatte er noch nicht erreicht.

So wurde der Pfarrer immer älter, immer verzweifelter wegen seiner vergeblichen Bemühungen zur Rettung Arachnes und immer eigenbrötlerischer. Zwar war er in Neu-Lüttelborn ein sehr bekannter Mann, aber kaum ein Bewohner dieses sonderbaren Ortes hatte bisher Gelegenheit gehabt, ein paar Worte mit ihm zu sprechen.

Doch dann hielt das Schicksal für diesen verzweifelten, gebrochenen Mann, der nun schon so viele Jahre unter dem Schicksal seiner Arachne litt – und sich dafür auch ein gut Teil Mitschuld einräumte –, noch ein letztes, frohes Erlebnis bereit, ehe es ihn gnädig in den alle Qualen eines Erdenlebens auslöschenden Mantel des totalen Friedens einhüllte. Ganz plötzlich, als er schon kaum noch daran glaubte, offenbarte sich ihm die

Möglichkeit, Arachne die Menschengestalt zurückzugeben. Aber nicht – Ironie des Schicksals! – als Folge seiner jahrelangen wissenschaftlichen Bemühungen auf dem Gebiet der Arachnologie! Nein, die Lösung des Problems kam von einer ganz anderen Seite.

Seit einigen Jahren schon fand sich in den Sommermonaten ein Mann in Neu-Lüttelborn ein, der eine gänzlich neue Form der menschlichen Kommunikation propagierte. Es war Dr. Nellemann. Seine Lehre bezeichnete man denn auch als die »Nellemann-Technik«, kurz »NT« genannt. Das Ziel der NT ist die sprachlose Verständigung. Nach den Erkenntnissen des Dr. Nellemann ist die Entwicklung der Sprache ein sehr negatives Phänomen in der Menschheitsgeschichte. Eine seiner Hauptthesen lautet: »Die Sprache ist das größte Hindernis für die friedliche Verständigung der Menschen untereinander. Fast alle Probleme entstehen, weil einzelne Menschen oder ganze Menschengruppen sich nicht miteinander verständigen können. Selbst dann nicht – oder gerade dann nicht –, wenn sie die gleiche Sprache sprechen.«

Bei den Tieren ist das nach Dr. Nellemanns Ansicht viel besser. Sie können auf der wortlosen, geistigen Ebene so gut miteinander kommunizieren, dass zumeist der bloße Blick und die Körperhaltung genügen, um unmissverständliche Signale auszusenden.

Dr. Nellemann bemerkt nun zu Recht, dass die Sinne der Menschen im Laufe von Millionen Jahren ganz ohne Zweifel mehr und mehr abgestumpft sind, und wir, was jeder weiß, schon längst nicht mehr mit dem Geruchssinn des Hundes, dem Sehvermögen des Adlers oder dem Tastsinn der Spinne konkurrieren können. Wir verfügen also gar nicht mehr über die sinnlichen Voraussetzungen, um es bei der Kommunikation den Tieren gleichtun zu können. Alleine schon deshalb musste sich bei uns die Sprache als eine gröbere Form der Kommunikation entwickeln.

Das Anliegen des Dr. Nellemann ist es nun, innerhalb der Grenzen des wohl nicht mehr zu ändernden gesellschaftlich-kulturellen Umfeldes nicht nur eine Rückentwicklung der bekannten menschlichen Sinne auf ein höheres Niveau zu erreichen, sondern den bei allen Lebewesen mehr oder weniger verborgenen oder verkümmerten »Supersinn« wie Dr. Nellemann es nennt, zu reaktivieren. Dieser »Supersinn« ist ein über den ganzen Körper wie ein feines, unsichtbares Spinnennetz verbreitetes, bis auf den heutigen Tag noch sehr geheimnisvolles Organ zum Senden und Empfangen von Mitteilungen und Aussagen jeglicher Art.

Dr. Nellemann glaubt nun, bei den in Neu-Lüttelborn versammelten Menschen das notwendige Interesse für seine Lehre zu finden, da sie ja, wie ihre Anwesenheit an diesem wunderlichen Ort beweist, eher in Opposition zu den gängigen kulturellen Normen stehen.

Pfarrer Bodenlos hatte den Aktivitäten des Dr. Nellemann lange Zeit keine Beachtung geschenkt. Doch eines Tages änderte er seine Meinung. Über die Gründe für diesen Sinneswandel wurde nicht nur von Dr. Nellemann und seinen Mitarbeitern gerätselt. Alle Gäste, die in Neu-Lüttelborn weilten, waren darüber sehr verwundert. Die Teilnehmerzahl der Kurse des Dr. Nellemann stieg sprunghaft an. Dr. Nellemann beurteilte diese Entwicklung aber sehr realistisch. »Die meisten der neuen Kursteilnehmer kommen ja zu uns«, sagte er, »um dem rätselhaften Pfarrer näher zu sein, vielleicht sogar Kontakt mit ihm aufnehmen zu können.« Doch Bodenlos verstand es auch hier, einen unsichtbaren Graben zwischen sich und den anderen Kursteilnehmern aufzutun und die verbale Kommunikation nur auf das zum Erreichen des Lernzieles notwendige Maß zu beschränken.

Der Pfarrer nahm die Sache sehr ernst und versäumte keine Unterrichtsstunde. Er machte gute Fortschritte und war schon bald von der Richtigkeit der Nellemannschen Theorie überzeugt. Die Ergebnisse seiner Bemühungen waren noch viel weitreichender, als er erwartet hatte. Nicht nur, dass jetzt Fremdsprachen kein Hindernis mehr für eine Unterhaltung waren, weil die Gedanken, die man aussendet und empfängt, ja in allen Sprachen gleich oder doch fast gleich sind. Es waren auch Verständigungen mit Tieren, in einzelnen Fällen sogar mit Pflanzen möglich. Je länger der Pfarrer sich mit der Nellemann-Technik beschäftigte, desto wundervoller war die Welt, in die er nun Schritt für Schritt Einblick gewann. Er war von den neuen Erlebnissen derart fasziniert, dass er darüber zeitweise sogar seine wissenschaftlichen Forschungen vernachlässigte.

Dann kam jener Sonntag, an dem er so etwas wie die Öffnung des Himmels erlebte, wo er eine Bewusstseinserweiterung erfuhr, die ihm zunächst unfassbar erschien, wodurch er sich auf eine höhere Ebene der Existenz gehoben fühlte und ihm Zusammenhänge klar wurden, die er in seinem ganzen bisherigen Leben nicht für möglich gehalten hätte. Mit all seinen Sinnen, mit seinem ganzen Körper empfing er Signale, die ihn nicht nur mit einem Mal das Problem Arachnes erkennen ließen, sondern auch einen Weg zu dessen Beseitigung aufzeigten. Er konnte es kaum glauben, in all den Jahren diese Lösungsmöglichkeit nicht erkannt zu haben, so simpel erschien sie ihm jetzt. Bodenlos wurde von Gefühlen der Dankbarkeit und der Freude übermannt. Der nüchterne alte Mann, der bisher nur den strengen Normen wissenschaftlicher Erkenntnisse Raum in seinem Denken gewährt hatte, dieser Mann konnte sich nicht mehr beherrschen und wurde von seinen Gefühlen überwältigt. Er sprang auf, reckte die Arme zum Himmel und schrie geradezu: »Arachne, wir haben es geschafft! Gedulde dich nur noch wenige Augenblicke!« Und übermütig tanzend, von einem Bein auf das andere hüpfend, lief er im Zimmer herum, dabei immer wieder herausschreiend: »Es ist so weit, Arachne! Endlich!«

Dann hielt er ein, war erschöpft und schnaufte wie ein Hundertmeterläufer. Er setzte sich wieder an seinen Schreibtisch. Ein leichtes Schwindelgefühl zwang ihn dazu, seinen Kopf mit den Händen abzustützen. Dann blickte er auf die Uhr. »Ich müsste längst in der Kirche sein«, dachte er. Doch die Rettung Arachnes war ihm jetzt wichtiger. Er wollte sie auch nicht eine Minute länger als nötig auf ihre Erlösung warten lassen. Sollen die Leute sich eben noch ein paar Minuten gedulden. Bodenlos richtete sich in seinem Sessel auf und blickte seine Arachne an, die, wie meistens, vor ihm auf der Schreibtischplatte saß.

In der kleinen Kirche wurden die Gottesdienstbesucher langsam ungeduldig. Adam Rosendorf, der an diesem Sonntag zufällig auch in Neu-Lüttelborn weilte und dem Gottesdienst beiwohnen wollte, ging in den Heidehof, um sich bei dem Pfarrer nach dem Grund der Verspätung zu erkundigen. Auf sein Klingeln regte sich in der Wohnung des Pfarrers nichts. Nun war Rosendorf doch etwas besorgt. Er ließ den Hausmeister kommen, um das Appartement zu öffnen. Als die beiden Männer das Arbeitszimmer des Pfarrers betraten, saß Bodenlos wie erstarrt an seinem Schreibtisch. Auf die freundliche Begrüßung reagierte er nicht. Rosendorf ging näher und blickte in ein im wahrsten Sinne des Wortes glückstrahlendes Gesicht, welches jedoch durch eine eigenartige Starre recht sonderbar auf den Besucher wirkte. Pfarrer Bodenlos war tot.

20.

Die Spinne Arachne war nach dem Tod des Pfarrers traurig und sehr verzweifelt. Was sollte sie jetzt tun? Mit wem konnte sie noch sprechen? Wer würde in Zukunft wenigstens versuchen ihr zu helfen? Sie saß vor dem Kopf des Pfarrers auf dem Schreibtisch und wusste keinen Ausweg. Als dann die Tür geöffnet wurde und Rosendorf und der Hausmeister eintraten, verkroch sie sich schnell unter einen Schrank. Gewiss war ihre Existenz im Hotel bekannt, aber niemand wusste um ihr Geheimnis. Wer weiß, was sie mit mir anstellen, wenn sie mich finden, dachte Arachne und hielt es für das Beste, sich zu verstecken.

So beobachtete sie während der nächsten Tage, wie man das Archiv des Pfarrers in Kisten verpackte, wie man den Pfarrer in einen Sarg legte und wie man ihn dann schließlich zur Beerdigung hinaustrug.

Danach fühlte sie sich erst recht einsam und verlassen. Sie beschloss den Versuch zu wagen, ihre Mutter in München aufzusuchen. Sie wusste durchaus um die Schwierigkeit, dieses Vorhaben in ihrem Zustand auszuführen; aber es war die einzige Chance, so meinte sie.

Durch ein zufällig geöffnetes Fenster verließ sie das Hotel, kroch vorsichtig die Hauswand hinunter – aus der vierzehnten Etage war das ein langer und beschwerlicher Weg –, lief aus dem Ort hinaus ins Feld und versuchte sich zu orientieren.

In Neu-Lüttelborn gab es keinen Friedhof. Der Pfarrer wurde darum im Nachbarort beerdigt. Nur eine kleine Trauergemeinde gab ihm das letzte Geleit, denn Freunde oder Verwandte hatte der Pfarrer Bodenlos nicht. Seine einzige Schwester war schon vor einigen Jahren gestorben.

Es war um die Mittagszeit an einem trüben Tag. Die Wolken hingen tief, aber es regnete nicht. Der Dumme Bernhard gehörte nicht zur Trauergemeinde. Er war in Neu-Lüttelborn geblieben. Wie so oft, benutzte er auch heute seine Mittagspause, um durch die angrenzenden Felder zu stromern, mit seinem Schnitzmesser Zweige von Büschen und Bäumen zu schneiden oder völlig sinnlos mit Steinen zu werfen. Wer weiß, welche Gedanken dabei sein beschränktes Gehirn beschäftigten.

Als er so durch die Felder lief, da sah er sie nach langer Zeit wieder, diese große Spinne. Seit etlichen Jahren war er ihr nicht mehr begegnet, aber er hatte das Tier nicht vergessen. Bei ihrem überraschenden Anblick erinnerte er sich wieder daran, wie er immer ausgelacht worden war, wenn er von seinen Erlebnissen mit der Spinne erzählt hatte. Auch die Begegnung mit der Spinne vor langer Zeit kam ihm wieder in den Sinn, als er mit seinem Vater den Pfarrer Bodenlos in Neu-Lüttelborn besucht hatte und das Tier plötzlich vor ihm auf dem Schreibtisch des Pfarrers hin- und hergelaufen war. Er hatte damals nicht schnell genug reagiert, so dass der Pfarrer das Tier ins Nebenzimmer in Sicherheit bringen konnte. Seitdem wusste er, dass sie in der Wohnung des Pfarrers lebte, aber es war ihm bisher nicht gelungen, an sie heranzukommen. Auch als er später dem Pfarrer mit seiner Spinne einmal in der Halle des Heidehofes begegnet war, hätte er sie fast erwischt, aber der Portier und einige andere Männer hatten ihn mit Gewalt zurückgehalten.

Jetzt lief sie vor ihm über den Weg. Sie hatte ihn wohl bemerkt, denn sie beschleunigte ihren Lauf. Heute sollte sie ihm aber nicht entkommen! Mit aller Kraft lief er hinter ihr her. Als er nahe genug herangekommen war, warf er sein Messer nach ihr.

Diesmal hatte er getroffen! Das Messer war mitten durch ihren Körper gedrungen. Sie torkelte noch einige Schritte und blieb dann regungslos liegen.

Doch dieser Zustand dauerte nicht lange. Bernhard, der sich zuerst über seinen Erfolg gefreut hatte und laut jauchzte, wie es so seine Art war um Freude auszudrücken, wurde schon bald ganz still. Was er sah, konnte er nicht begreifen. In diesen scheinbar toten Spinnenkörper kam eine ganz eigenartige Bewegung. Zuerst schien es, als wolle das Tier nur im Todeskampf seine Beine ausstrecken; doch dabei blieb es nicht. Die Spinne wurde größer, zwar sehr langsam, aber stetig. Bernhard stand da und konnte sich vor Schreck nicht bewegen, sonst wäre er wahrscheinlich davongelaufen. So musste er sehen, wie sich die Spinne veränderte, wie der haarige Pelz verschwand, wie sich stattdessen eine Menschenhaut bildete, wie aus den dünnen Spinnenbeinen menschliche Gliedmaßen wurden und wie der Kopf aus dem Körper wuchs. Bald lag ein Mensch vor ihm. Er lag auf dem Bauch und in seinem Rücken steckte das Messer, mit dem er nach der Spinne geworfen hatte. Der Mensch bewegte den Kopf und versuchte sich zu erheben, was ihm aber nicht gelang. Bald sank er wieder zu Boden und bewegte sich nicht mehr.

Das alles war zu viel für Bernhard, das konnte er mit seinem simplen Verstand nicht erfassen. Wie ein Tier, das in seinem Käfig sinnlos gegen die Wände rennt und doch nicht von der Stelle kommt, so bewegten sich seine Gedanken in engen, zu engen Grenzen, um das Phänomen, dessen Zeuge er hier wurde, zu verarbeiten. So konzentrierte er sich denn in seiner Einfalt auf das Einzige ihm Bekannte und Vertraute in diesem unheimlichen Vorgang – auf sein Messer! Sein Messer, seit Jahren der einzige Gegenstand, dem er neben Essen und Trinken Bedeutung beimaß. Es steckte in einem menschlichen Körper und er konnte sich nicht erklären, wie es dort hineingekommen war. Er wusste nur, dass dieses Messer ihm gehört, es war sein Messer, das Geschenk seines Vaters, er musste es zurückholen! Vorsichtig ging er die wenigen Schritte zu dem leblosen Körper, nahm das Messer an sich, säuberte es mit einem Grasbüschel und steckte es ein.

Erst jetzt schien er das Fürchterliche zu begreifen, das hier geschehen war, und ihm grauste davor. Laut schreiend drehte er sich um und rannte zurück in den Heidehof.

Dort waren kurz zuvor die wenigen Trauergäste von der Beerdigung des Pfarrers zurückgekehrt. Bernhard versuchte in seiner ungeschickten Art, ihnen das Erlebte zu erklären. Wie

immer, wenn er sehr erregt war, brachte er keinen zusammenhängenden Satz heraus. Zunächst verstanden sie darum auch
nicht, was er überhaupt wollte. Seinem Gestammel entnahmen
sie schließlich, dass irgendetwas Ungewöhnliches geschehen
sein musste und dass sie ihm folgen sollten.

Einige Männer, darunter auch Adam Rosendorf, waren nun
doch neugierig geworden und ließen sich von dem immer noch
wild gestikulierenden und Wortfetzen schreienden Bernhard
hinaus ins Feld führen. Und dann sahen sie es. »Dort liegt eine
Leiche«, flüsterte Adam Rosendorf.

»Sie hat nur einen Arm«, sagte ein anderer. »Sie hat tatsächlich nur einen Arm.«

»Mein Gott, was ist hier geschehen?«, hörte man eine ängstlich klingende Stimme.

Als einer die Leiche berühren wollte, sagte Adam Rosendorf:
»Halt! Nichts anfassen! Wir müssen sofort die Polizei verständigen.«

Das war zweifellos sehr vernünftig. Sie gingen zurück ins
Hotel und telefonierten zur nächsten Polizeidienststelle.

Als die Beamten kurze Zeit später die Leiche untersuchten,
stellten sie fest, dass es sich um eine Frau handelte. Sie war völlig nackt und hatte keinen rechten Arm, worüber sich die Poli-
zisten nicht wenig wunderten.

Trotz intensivster Bemühungen scheiterten alle Identifizie-
rungsversuche. Niemand kannte die Frau, die doch wegen ihres
körperlichen Handicaps Aufsehen erregt haben musste. Es blieb
nichts anderes übrig, als nach Monaten vergeblichen Forschens
die Akte der unbekannten Toten zu schließen und zu den un-
aufgeklärten Fällen ins Archiv zu legen.